中学歴史を ひとつひとつわかりやすく。

［改訂版］

Gakken

みなさんへ

「聖徳太子の政治って？」「鎖国をしたわけは？」
歴史は，このような昔の人々の暮らしや政治，文化を学ぶ，とても面白い分野です。中学の歴史では，古代文明から現代まで，さまざまな時代をひも解きながら，歴史的な見方や考え方を学習します。

歴史の学習は用語を覚えることも大切ですが，暗記だけでは本当の実力はつきません。
この本では，文章をなるべく読みやすい量でおさめ，歴史の流れをみやすいイラストでまとめています。ぜひ用語とイラストをセットにして，できごとのつながりを意識しながら読んでください。

みなさんがこの本で歴史の知識や見方を身につけ，「歴史っておもしろいな」「もっと知りたいな」と思ってもらえれば，とてもうれしいです。

この本の使い方

1回15分，読む→解く→わかる！

1回分の学習は2ページです。毎日少しずつ学習を進めましょう。

答え合わせも簡単・わかりやすい！

解答は本体に軽くのりづけしてあるので，引っぱって取り外してください。
問題とセットで答えが印刷してあるので，簡単に答え合わせできます。

復習テストで，テストの点数アップ！

各章のあとに，これまで学習した内容を確認するための「復習テスト」があります。

学習のスケジュールも，ひとつひとつチャレンジ！

まずは次回の学習予定日を決めて記入しよう！

最初から計画を細かく立てようとしすぎると，計画を立てることがつらくなってしまいます。
まずは，次回の学習予定日を決めて記入してみましょう。

1日の学習が終わったら，もくじページにシールを貼り(は)ましょう。
どこまで進んだかがわかりやすくなるだけでなく，「ここまでやった」という頑張りが見えることで自信がつきます。

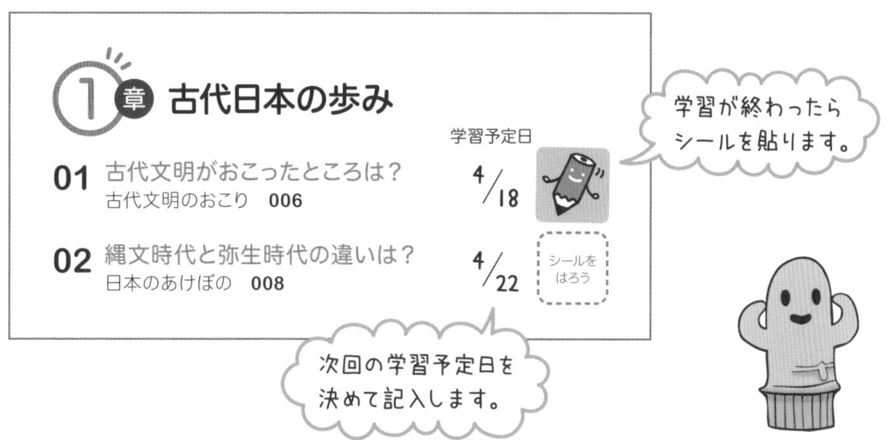

カレンダーや手帳で，さらに先の学習計画を立ててみよう！

スケジュールシールは多めに入っています。カレンダーや自分の手帳にシールを貼りながら，まずは1週間ずつ学習計画を立ててみましょう。
あらかじめ定期テストの日程を確認しておくと，直前に慌(あわ)てることなく学習でき，苦手分野の対策に集中できますよ。

計画通りにいかないときは……？

計画通りにいかないことがあるのは当たり前。
学習計画を立てるときに，細かすぎず「大まかに立てる」のと「予定の無い予備日をつくっておく」のがおすすめです。
できるところからひとつひとつ，頑張りましょう。

もくじ 中学歴史

次回の学習日を決めて，書き込もう。
1回の学習が終わったら，巻頭のシールを貼ろう。

1章 古代日本の歩み

学習予定日

2章 古代・中世の政治と文化

学習予定日

3章 武士のおこりと発展

学習予定日

4章 近世の日本と世界の動き

学習予定日

5章 近世日本の政治と文化①

学習予定日

6章 近世日本の政治と文化②

7章 近代化する日本

8章 二つの戦争と日本

9章 現代の日本と世界の動き

わかる君を探してみよう！

この本にはちょっと変わったわかる君が全部で5つかくれています。学習を進めながら探してみてくださいね。

色や大きさは，上の絵とちがうことがあるよ！

01 古代文明のおこり
古代文明がおこったところは？

古代文明は農耕や牧畜に適した大河の流域でおこりました。とくに，アフリカとアジアでは**エジプト文明**，**メソポタミア文明**，**インダス文明**，**中国文明**が発展しました。

●古代文明のおこったところ

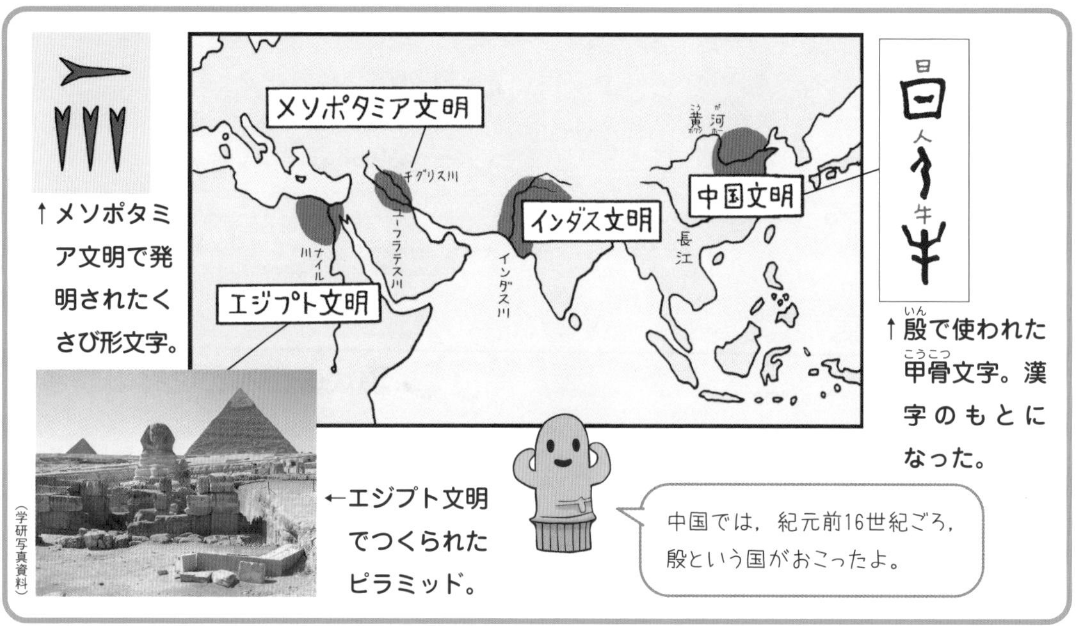

↑メソポタミア文明で発明されたくさび形文字。

↑殷で使われた甲骨文字。漢字のもとになった。

←エジプト文明でつくられたピラミッド。

（学研写真資料）

中国では，紀元前３世紀に**秦**の**始皇帝**が初めて全土を統一し，秦に続いて中国を統一した**漢**は，朝鮮半島から中央アジアまで支配する大帝国になりました。

●古代の中国の動き

始皇帝が北方の遊牧民の侵入を防ぐため**万里の長城**を整備した。

西方との間で，陸の交通路のシルクロード（絹の道）が開かれた。

基本練習

➡ 答えは別冊2ページ

1 次の問いに答えましょう。

(1) チグリス川とユーフラテス川の流域におこった文明を何といいますか。

(2) 右の写真のような建造物がつくられた文明は，何という川の流域でおこりましたか。

〔　　　　　　　　〕

（学研写真資料）

(3) 中国で漢の時代に開かれた，中国と西方を結ぶ陸の交通路を何といいますか。

〔　　　　　　　　〕

2 （　　　）のうち，正しいほうを選びましょう。

(1) 中国で紀元前16世紀におこった殷という国では，のちに漢字のもとになった（ 甲骨文字・くさび形文字 ）が使われました。

(2) インドでは，紀元前2500年ごろ，（ ガンジス川・インダス川 ）の流域で文明がおこりました。

(3) 紀元前３世紀に中国を統一した（ 秦・漢 ）の始皇帝は，北方の遊牧民の侵入を防ぐために万里の長城を整備しました。

ポイント **2 (3) 中国文明最初の国は黄河流域の「殷」。中国を初めて統一したのは「秦」で，王は始皇帝。秦は統一後わずか15年で滅（ほろ）び，続いて，「漢」が中国を統一した。**

02 縄文時代と弥生時代の違いは？

縄文時代の人々は主に狩りや漁，木の実の採集を行い，食料を得やすい場所に集団で暮らしました。弥生時代には**稲作**が広まり，人々は水田の近くにむらをつくりました。

●暮らし方の違い

【縄文時代】

海に近いむらでは，食べ終わったあとの貝殻や，魚や動物の骨などを捨てた貝塚ができた。

【弥生時代】

たて穴住居
高床倉庫
(収穫した稲を蓄えた)
稲作が広まる

人々は協力して稲作を行い，やがてむらの人々を従える有力者が現れた。

縄文時代には**厚手の縄文土器**，弥生時代には**薄手の弥生土器**がつくられました。また，弥生時代には稲作とともに大陸から伝わった**青銅器**や**鉄器**が使われました。

●道具の違い

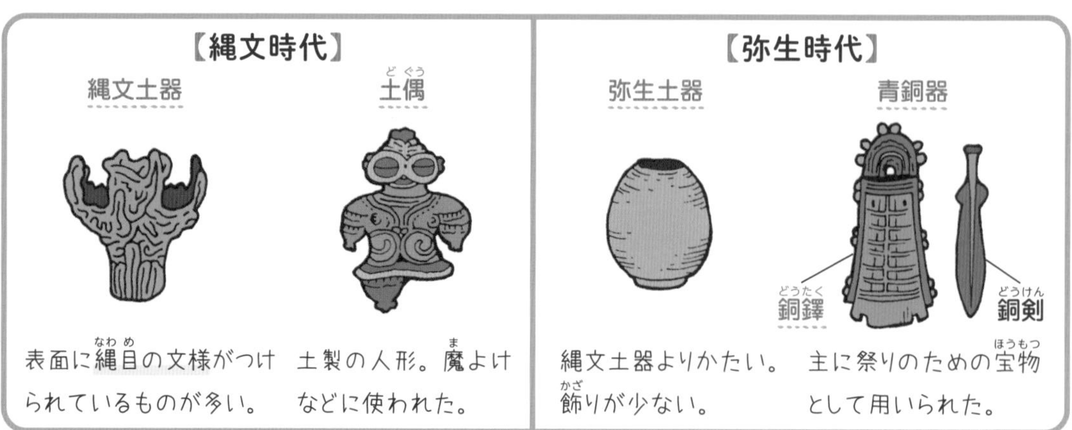

基本練習

答えは別冊2ページ

1 [　　] にあてはまる語句を書きましょう。

(1) 縄文時代や弥生時代の人々は，掘り下げた地面に柱を立てて屋根をかけた [　　　　] 住居に住んでいました。

(2) 縄文時代，海に近いむらでは住まいの近くに，食べ終わったあとの貝殻や，魚や動物の骨などを捨てた [　　　　] ができました。

(3) 弥生時代には，稲作とともに大陸から伝わった [　　　　] 器や鉄器が使われるようになりました。

(4) 弥生時代，収穫した稲は，住まいの近くにつくった，ねずみや湿気を防ぐ [　　　　] 倉庫に蓄えました。

2 (　　) のうち，正しいほうを選びましょう。

(1) 右の**図 A** は，(縄文・弥生) 時代に使われた土器です。

(2) 右の**図 B** は，主に祭りのための宝物として使われた (土偶・銅鐸) です。

図 A

図 B

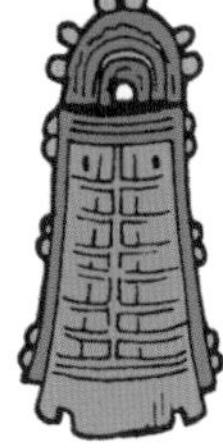

ミス注意 **2** (1) 縄文土器は，厚手で縄目の文様がつけられているものが多い。弥生土器は，縄文土器よりも薄手でかたく，飾りが少ない。

古代国家のおこり

03 卑弥呼の国ってどんな国？

紀元前１世紀ごろの日本には100余りの小さな国々がありました。３世紀になり，**邪馬台国**の**卑弥呼**が女王となり，30ほどの国々をまとめました。その後，奈良盆地を中心とする地域に**大和政権**が現れ，大きな古墳がつくられるようになりました。

国々の発展

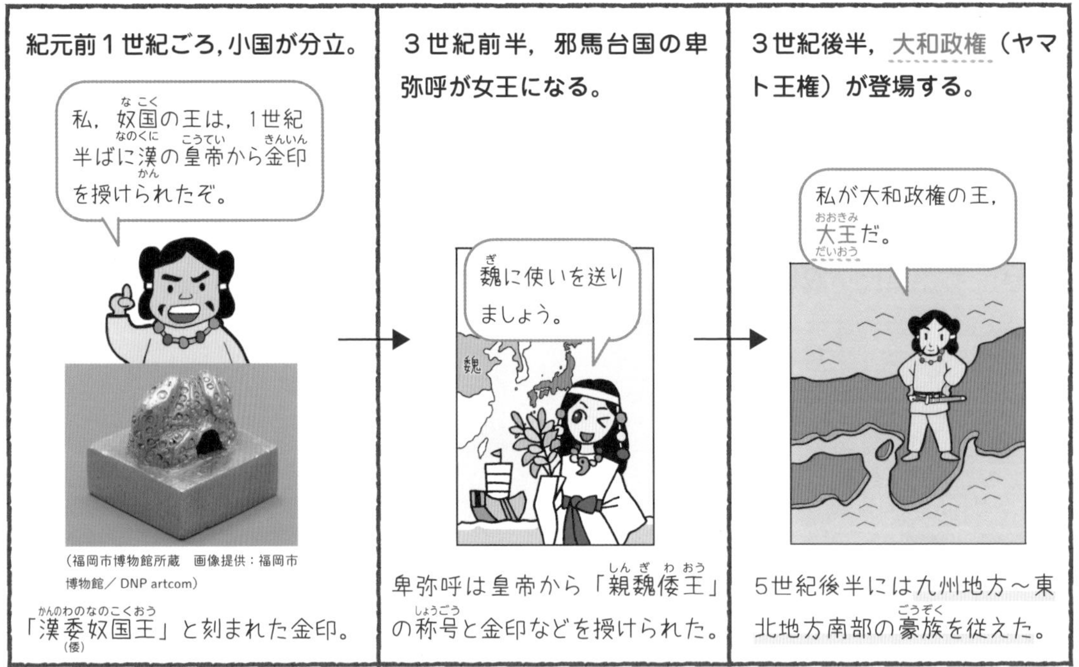

（福岡市博物館所蔵　画像提供：福岡市博物館／ DNP artcom）

「漢委（倭）奴国王」と刻まれた金印。

卑弥呼は皇帝から「親魏倭王」の称号と金印などを授けられた。

5世紀後半には九州地方～東北地方南部の豪族を従えた。

古墳の出現

王や豪族の墓として，**前方後円墳**などの大きな古墳がつくられました。

（学研写真資料）

大仙古墳（仁徳陵古墳）（大阪府堺市）…５世紀につくられた代表的な前方後円墳。

いろいろな埴輪

基本練習

答えは別冊2ページ

1 ［　　　］にあてはまる語句を書きましょう。

(1) 邪馬台国の女王の［　　　］は，30ほどの国々をまとめ，まじないによる政治を行っていました。

(2) 3世紀後半，奈良盆地を中心とする地域には，［　　　］という強力な勢力が現れ，その王は［　　　］と呼ばれました。

(3) 王や豪族の墓としてつくられた古墳の中でも，大仙古墳のように，四角い方墳（ほうふん）と円（まる）い円墳（えんぷん）を合わせた形のものを［　　　］といいます。

2 （　　）のうち，正しいほうを選びましょう。

(1) 1世紀半ば，倭（わ）の奴国の王は，中国（ちゅうごく）の（　漢・魏　）に使いを送り，皇帝から金印を授けられました。

(2) 239年，卑弥呼は，中国の（　漢・魏　）に使いを送り，皇帝から金印や，銅鏡100枚などを授けられました。

(3) 古墳の表面には，多くの場合，石がしき詰められ，上や周りには，（　土偶（どぐう）・埴輪（はにわ）　）という土製の焼き物が並べられました。

ミス注意 **2** (3) **土偶は，縄文（じょうもん）時代につくられた土製の焼き物。埴輪は，古墳時代につくられた土製の焼き物。つくられた時代が異なることを押（お）さえておこう。**

04 飛鳥時代の政治と文化
聖徳太子の政治って？

6世紀末，中国で**隋**が国内を統一したころ，日本では推古天皇のもと，**聖徳太子**（**厩戸皇子**，**厩戸王**）が**蘇我馬子**と協力して，大王（天皇）が中心の政治を目指しました。

●聖徳太子の政治改革

↑十七条の憲法（一部）

聖徳太子が活躍したころ，政治が行われた飛鳥地方（奈良盆地南部）を中心に，日本で最初の仏教文化が栄えました。この文化を**飛鳥文化**といいます。

●飛鳥文化の建築・仏像

（写真：アフロ）

←**法隆寺**
聖徳太子が建てたと伝えられる。現存する世界最古の木造建築。

釈迦三尊像→
法隆寺に安置されている。

（法隆寺）

基本練習

答えは別冊2ページ

1 （　　　）のうち，正しいほうを選びましょう。

(1) 聖徳太子は推古天皇の摂政となり，（ 蘇我氏（そがし）・物部氏（もののべ） ）と協力して新しい政治を行いました。

(2) 聖徳太子は，（ 大王（おおきみ／だいおう）（天皇）・豪族（ごうぞく） ）中心の国づくりを進めました。

(3) 聖徳太子は十七条の憲法で，（ 農民・役人 ）の心構えを示しました。

(4) 聖徳太子は，中国の進んだ制度や文化を取り入れようと，小野妹子らを（ 遣隋使（けんずいし）・遣唐使（けんとうし） ）として派遣しました。

2 ［　　　］にあてはまる語句を書きましょう。

(1) 聖徳太子は，能力のある者を役人に取り立てるために［　　　］の制度を定めました。

(2) 右の写真の寺は，聖徳太子が建てたと伝えられる［　　　］寺で，現存する世界最古の木造建築です。

（写真：アフロ）

(3) 聖徳太子のころに栄えた，日本で最初の仏教文化を［　　　］文化といいます。

ミス注意 **1** (4) 聖徳太子のころの中国では「隋」が国内を統一していた。７世紀初めに隋が滅（ほろ）びると「唐」が統一。遣唐使は唐に送られた使節。「隋→唐」の順を押（お）さえておこう。

05 天皇中心の国づくりって？

律令国家への歩み

中大兄皇子と**中臣鎌足**（のちの藤原鎌足）らは，645年，権力を独占していた蘇我氏をたおして，「**大化の改新**」と呼ばれる政治改革を始めました。

●大化の改新の始まり

●新しいしくみづくりが進む

701年，唐の律令にならった**大宝律令**が完成し，天皇を中心とする政治のしくみが整えられました。律令に基づいて政治を行う国家を**律令国家**といいます。

●律令国家の成立

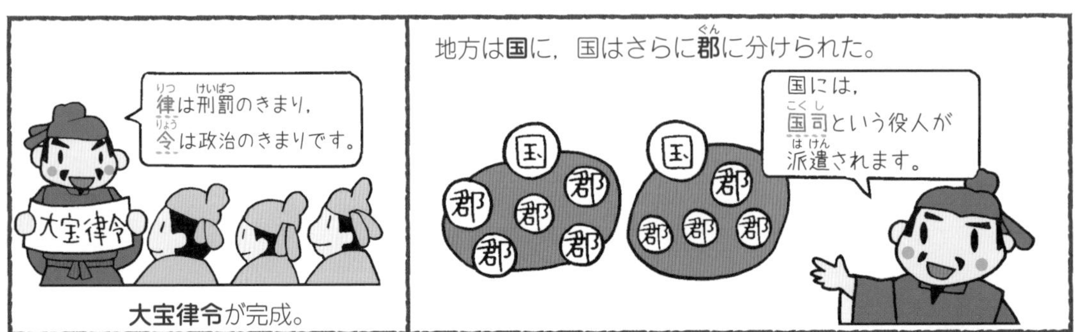

基本練習

➔ 答えは別冊3ページ

1 [　　　　] にあてはまる語句を書きましょう。

(1) 645年, 中大兄皇子や中臣鎌足らは，蘇我氏をたおして [　　　　　　] と呼ばれる政治改革を始めました。

(2) (1)の改革では，それまで各地の豪族が支配していた土地と人々を国が直接支配する [　　　　　　] という方針を示しました。

(3) 701年には，唐の律令にならった [　　　　　　] が完成しました。

(4) 律令国家では，地方は多くの国に分けられ，都から [　　　　] という役人が派遣されました。

2 (　　　) のうち，正しいほうを選びましょう。

(1) 663年，中大兄皇子らは，(新羅・百済) を助けるために大軍を送り，(白村江の戦い・壬申の乱) で唐と新羅の連合軍に大敗しました。

(2) 中大兄皇子は即位して (天智天皇・天武天皇) となり，国内の改革を進めました。

(3) 672年，天皇のあとつぎをめぐる (白村江の戦い・壬申の乱) が起こりました。この戦いに勝利して即位した (天智天皇・天武天皇) は，天皇中心の強い国づくりを進めました。

ミス注意 **2 大化の改新が始まったあとの戦乱と天皇をセットで押(お)さえる。白村江の戦い→天智天皇が即位→壬申の乱→天武天皇が即位。「天智」と「天武」の漢字の違(ちが)いにも注意。**

復習テスト 

➜答えは別冊14ページ

1章 古代日本の歩み

1 右の地図を見て，次の問いに答えましょう。

【各５点　計20点】

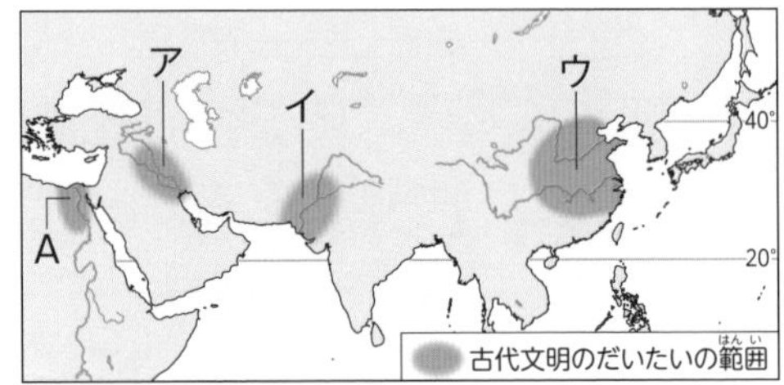

(1) 地図中のＡでおこった文明について述べている文を，次のア～ウから１つ選び，記号で答えましょう。

ア インダス川流域でおこった。

イ 神殿(しんでん)やピラミッドがつくられた。

ウ 太陰暦(たいいんれき)がつくられた。

〔　　　　　〕

① 

②

(2) 右の文字①・②がつくられた文明がおこった地域を，地図中のア～ウからそれぞれ１つ選び，記号で答えましょう。

①〔　　　　　〕　②〔　　　　　〕

(3) 古代の中国(ちゅうごく)について，次の文で述べている国を，あとのア～エから１つ選び，記号で答えましょう。

初めて中国を統一した始皇帝(しこうてい)が，万里(ばんり)の長城を整備した。

ア 周(しゅう)　**イ** 漢(かん)　**ウ** 秦(しん)　**エ** 殷(いん)

〔　　　　　〕

2 次の問いに答えましょう。

【各５点　計15点】

(1) 縄文(じょうもん)時代に関連しないものを，次のア～エから１つ選び，記号で答えましょう。

ア 貝塚(かいづか)　**イ** 狩りや漁(か)　**ウ** たて穴住居　**エ** 稲作(いなさく)

〔　　　　　〕

(2) 弥生(やよい)時代につくられたものを，次のア～エから２つ選び，記号で答えましょう。

ア 
(ColBase (https://colbase.nich.go.jp))

イ 
(ColBase (https://colbase.nich.go.jp))

ウ 
(ColBase (https://colbase.nich.go.jp))

エ 
(静岡市立登呂博物館)

〔　　　　　〕〔　　　　　〕

3

次のA～Cを読んで，あとの問いに答えましょう。【(1)(2)は各7点，(3)は6点 計2

A 奈良盆地を中心とする地域に<u>強力な勢力</u>が現れ，その王は大王と呼ばれた。

B 奴国の王が中国の漢に使いを送り，皇帝から金印を授けられた。

C ［　　］の女王卑弥呼は，まじないなどの力を用いて30ほどの国を従えてい

(1) Aの下線部について，<u>強力な勢力</u>の名前を答えましょう。

［　　］

(2) Cの［　　］にあてはまる国名を答えましょう。

［　　］

(3) A～Cを年代の古い順に並べ，記号で答えましょう。

［　　→　　→　　］

4

右の年表を見て，次の問いに答えましょう。【(1)～(5)各7点，(6)は各5点 計45点

年代	できごと
592	推古天皇が即位する……A
	↕ ア
645	大化の改新が始まる……B
	↕ イ
672	壬申の乱が起こる………C
	↕ ウ
701	［　　］が完成する……D

(1) Aの推古天皇の下で政治を行った，厩戸皇子（厩戸王）と呼ばれた人物を答えましょう。

［　　］

(2) (1)の人物が，役人の心構えを示すために制定したものを何といいますか。

［　　］

(3) Bの大化の改新で示された，それまで豪族が支配していた土地と人々を，国が直接支配することとした方針を何といいますか。

［　　］

(4) Cに勝利して即位した天皇を答えましょう。

［　　］

(5) Dの［　　］にあてはまる，唐にならってつくられたきまりを答えましょう。

［　　］

(6) 年表の期間の日本と外国との関わりについて，次の①・②のできごとが起こった時期を，年表中のア～ウからそれぞれ1つずつ選び，記号で答えましょう。

① 遣隋使として小野妹子らを中国へ派遣した。

② 百済を救うために唐と新羅の連合軍と戦い，大敗した。

①［　　］　②［　　］

06 奈良の都と人々の暮らし
奈良時代の人々の暮らしは？

710年，律令国家の新しい都として，**平城京**がつくられました。朝廷は，戸籍に基づいて人々に**口分田**という土地を与える，**班田収授法**を定めました。人々には**租・調・庸**などの税が課せられました。

●律令国家の土地制度と人々の負担

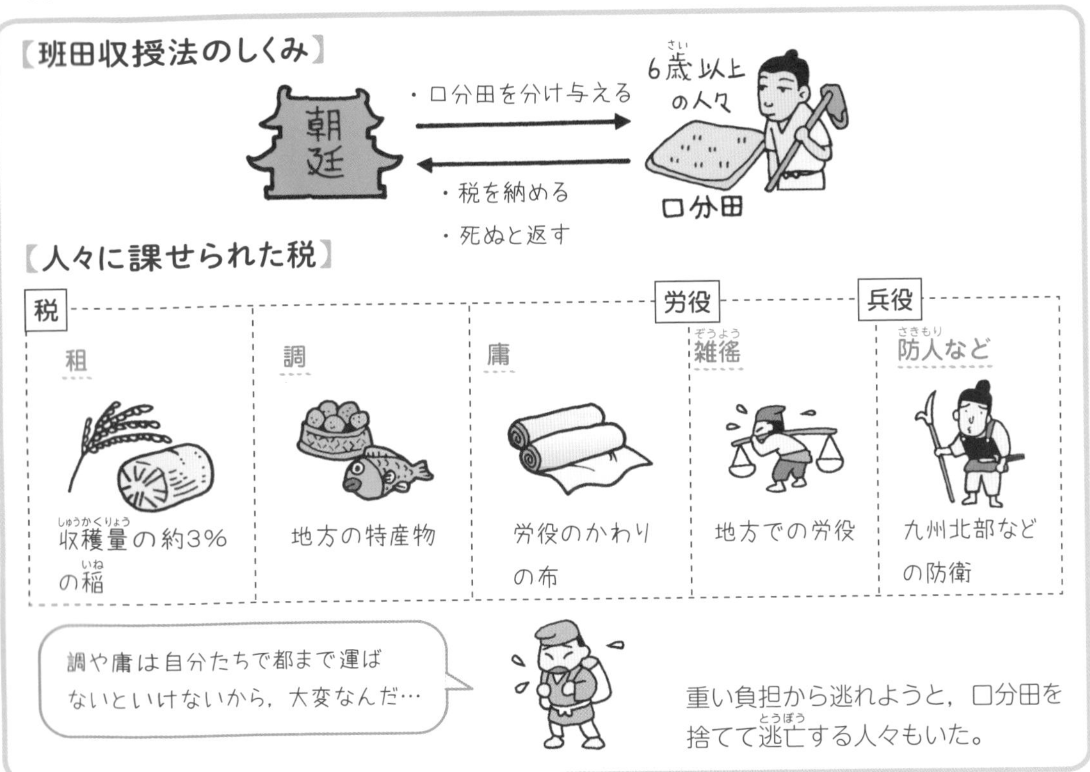

人口が増えて口分田が不足してきたため，朝廷は人々に開墾をすすめようと，743年に**墾田永年私財法**を出し，新しく開墾した土地の永久私有を認めました。

●私有地の広がり

基本練習

答えは別冊3ページ

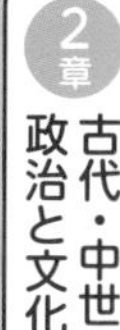

7章
8章
9章

1 ［　　　］にあてはまる語句を書きましょう。

(1) 710年，律令国家の新しい都として［　　　］がつくられました。ここを中心に政治が行われた約80年間を奈良時代といいます。

(2) 朝廷は戸籍に登録された６歳以上の人々に田を与え，その人が死ぬと国に返すこととしました。この制度を［　　　］といいます。

(3) (2)の制度で，６歳以上の人々に与えられた田を［　　　］といいます。

2 （　　　）のうち，正しいほうを選びましょう。

(1) 田を与えられた６歳以上の人々に課せられ，収穫量の約３％の稲を納める税を（　租・調・庸　）といいます。

(2) 成人男子に課せられた税で，絹や魚など地方の特産物を納める税を（　租・調・庸　）といいます。

(3) 成人男子に課せられた税で，労役のかわりに布を納める税を（　租・調・庸　）といいます。

(4) 墾田永年私財法が出され，貴族や寺社はさかんに開墾を行い，（　口分田・私有地　）を広げました。

ポイント
2 (4) 班田収授法は，律令国家の土地制度。６歳以上の人々に田を与え，死ぬと返させた。墾田永年私財法は，新たに開墾した土地の私有を認めた法令。

07 奈良の都と天平文化 奈良の大仏はなぜつくられた？

聖武天皇は，仏教の力に頼って国を守ろうと考えました。そこで国ごとに国分寺と国分尼寺を，都には金銅の大仏を本尊とする**東大寺**を建てました。

●聖武天皇と仏教

このころ，伝染病やききんが広がり，貴族の争いも起こった。

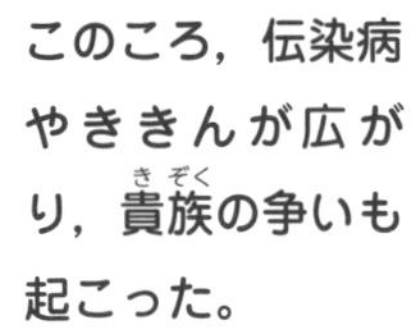

そこで聖武天皇は次のように考えた。

そして，国ごとに国分寺と国分尼寺を建て，

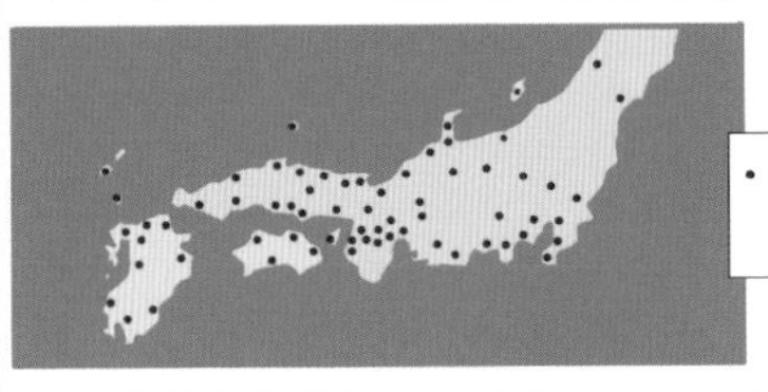

都に大仏を本尊とする東大寺を建てた。

聖武天皇のころ，**天平文化**と呼ばれる文化が発達しました。唐の影響を受けた国際色豊かな文化で，**正倉院**の工芸品にはその特色がよく表れています。

●天平文化

東大寺の大仏

(東大寺)

752年に完成。現在のものは高さ約15m。

(正倉院正倉)

正倉院

東大寺の正倉。聖武天皇が使った品々も納められていた。

正倉院の工芸品

↓螺鈿紫檀五絃琵琶

(正倉院宝物)

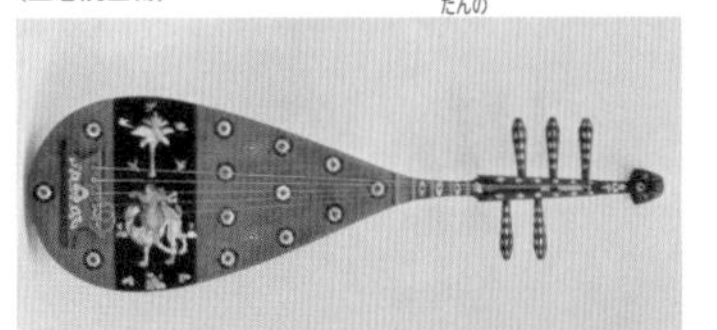

↓瑠璃坏

(正倉院宝物)

シルクロード(絹の道)を通ってインドや西アジアから唐に伝わり，遣唐使が持ち帰ったとみられるものが多い。

基本練習

答えは別冊3ページ

1 [　　] **にあてはまる語句を書きましょう。**

(1) 聖武天皇は，仏教の力で国を守ろうと，国ごとに [　　] 寺と [　　] 寺を建て，都に東大寺を建てました。

(2) 奈良時代，聖武天皇のころに栄えた国際色豊かな文化を [　　] 文化といいます。

(3) 右の写真の工芸品は，東大寺の [　　] という倉に納められていました。

(4) 右の写真の工芸品は，[　　] という交通路を通って伝わったものです。

（正倉院宝物）

2 (　　) **のうち，正しいほうを選びましょう。**

(1) 右の写真の大仏を本尊とする寺は（ 法隆寺(ほうりゅうじ)・東大寺(とうだいじ) ）です。

(2) 天平文化は，（ 唐(とう)・隋(ずい) ）の影響を強く受けた，（ 最初の仏教文化・国際色豊かな文化 ）です。

（東大寺）

ミス注意 **2** (1) **法隆寺と東大寺はどちらも奈良にあるが，建てられた時代が違う。法隆寺は聖徳太子(しょうとくたいし)の飛鳥(あすか)時代，東大寺は聖武天皇の奈良時代。法隆寺→東大寺の順。**

08 摂関政治って何？

794年に**桓武天皇**が都を**平安京**（京都市）に移してから，約400年間を**平安時代**といいます。桓武天皇は，坂上田村麻呂を**征夷大将軍**に任命し，東北地方の支配にも力を入れました。

●桓武天皇の政治

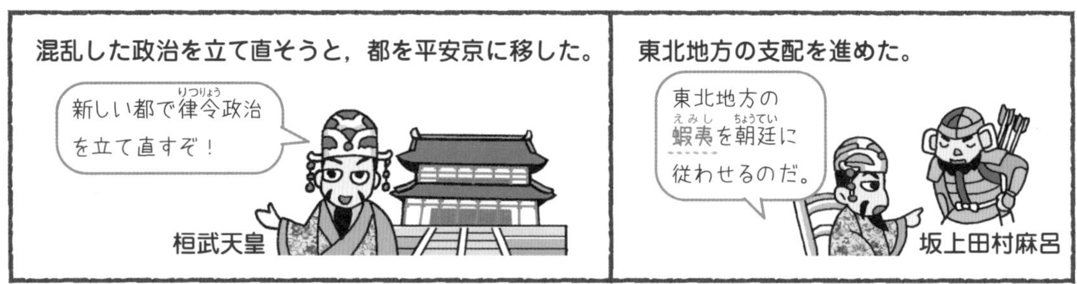

平安時代の中ごろから，貴族の藤原氏が，**摂政・関白**の地位に就いて政治の実権を握るようになりました。こうした藤原氏の政治を**摂関政治**といい，**藤原道長**とその子**頼通**のころ最も安定しました。

●藤原氏が権力を握った方法

わしの得意な気持ちを詠んだ歌だぞ。

藤原道長

この世をば　わが世とぞ思う
望月の　かけたることも　なしと思えば

基本練習

答えは別冊3ページ

1 ［　　］にあてはまる語句を書きましょう。

(1) 794年，桓武天皇は都を［　　］に移しました。ここから鎌倉(かまくら)幕府が成立するまでの約400年間を［　　］時代といいます。

(2) 平安時代，藤原氏は，娘を天皇の［　　］にし，その子を次の天皇に立てることで勢力を広げました。

(3) 藤原氏は，天皇が幼いときは［　　］，成人すると［　　］の職に就き，政治の実権を握りました。

(4) 藤原氏の政治は，［　　］とその子頼通のころに最も安定し，朝廷の多くの役職を藤原氏が独占(どくせん)しました。

2 次の各問いに答えましょう。

(1) 桓武天皇が坂上田村麻呂を征夷大将軍に任命して大軍を送り，支配を広げようとした地方を，次の**ア**～**エ**から１つ選び，記号で答えましょう。

ア 東北地方　**イ** 関東地方　**ウ** 中国地方　**エ** 九州地方

〔　　〕

(2) 貴族の藤原氏が政治の実権を握って行った政治を何といいますか。

〔　　〕

ミス注意 **1** (3) **天皇が幼いときや女性のときに置かれ，天皇の代わりに政治を行う役職が摂政。成人した天皇を助けて政治を行う役職が関白。**

09 文化の国風化 国風文化はどんな文化？

摂関政治が行われていたころ，貴族が生み出した日本風の新しい文化が栄えました。これは唐風の文化をもとにしつつ，日本の風土や生活感情に合った文化で，**国風文化**といいます。

●国風文化の特色

【仮名文字】

漢字を変形させてつくられた。

以	以（草書）	い	阿	ア
呂	呂（草書）	ろ	伊	イ
波	波（草書）	は	宇	ウ
仁	仁（草書）	に	江	エ
保	保（草書）	ほ	於	オ

【貴族の住宅】

一つ一つの建物が廊下で結ばれていた。

【仮名文字による主な文学作品】

仮名文字によって，自分の考えや感情を豊かに表現できるようになった。

『源氏物語』（長編小説）紫式部

『枕草子』（随筆）清少納言

『古今和歌集』（和歌集）紀貫之らが編集

平安時代の初め，唐にわたった**最澄**と**空海**が仏教の新しい教えを日本に伝えました。その後，阿弥陀如来にすがり極楽浄土へ生まれ変わることを願う，**浄土信仰**が広まりました。

●平安時代の仏教

↑**藤原頼通が建てた平等院鳳凰堂**（京都府宇治市）

基本練習

答えは別冊4ページ

1 □にあてはまる語句を書きましょう。

(1) 平安時代に貴族が生み出した，日本の風土や生活感情に合った文化を □ 文化といいます。

(2) 平安時代，貴族は，広い庭や池が備えられた □ と呼(よ)ばれる住宅に住みました。

(3) 漢字を変形させた □ がつくられたことで，自分の考えや感情を豊かに表現できるようになりました。

(4) 11世紀になると，阿弥陀如来にすがって死後に極楽浄土に生まれ変わることを願う □ が広まり，□ 鳳凰堂のような阿弥陀堂がさかんにつくられました。

2 (　　) のうち，正しいほうを選びましょう。

(1) 平安時代の貴族の文化の特色の一つは，紫式部の（『枕草子』・『源氏物語』）など，仮名文字を用いた女性の文学作品が多く著されたことです。

(2) 紀貫之らは，（『古今和歌集(こきんわかしゅう)』・『万葉集(まんようしゅう)』）を編集しました。

ミス注意 2 (1) 紫式部の『源氏物語』，清少納言の『枕草子』などの国風文化の文学作品を押(お)さえる。『源氏物語』は長編小説。『枕草子』は随筆。

10 武士の成長と平氏の政権
武士はどうやって力をつけたの？

平安時代半ばに登場した武士は，やがて**武士団**をつくり，中でも**源氏**と**平氏**が有力でした。11世紀後半，**白河天皇**は位を譲って上皇となり，**院政**を始めました。

●武士の進出と院政

武士の登場

都の武官や，力をつけた地方の豪族が，武士と呼ばれた。

源氏と平氏の登場

どちらも天皇の子孫で，武士団の統率者（棟梁）となった。

1086年，院政開始

上皇は，源氏や平氏を都の警備にあてたので，武士が政治に関わるきっかけとなった。

上皇と天皇の対立などをきっかけに**保元の乱**と**平治の乱**が起こり，勝利した**平清盛**は，1167年に武士として初めて太政大臣になりました。

●平氏の政治

平清盛は，武士として初めて太政大臣となった。

平氏一族で朝廷の高い地位を独占。

また，兵庫の港を整備して，宋と貿易を行った（日宋貿易）。

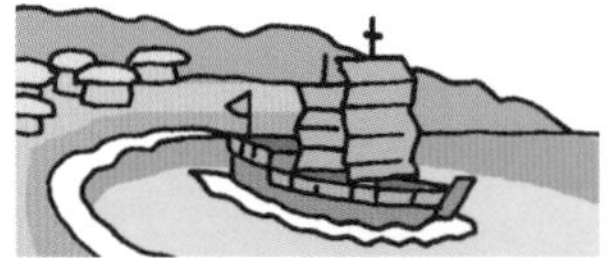

平氏に不満をもつ者が増える

武士といっても，貴族の政治と変わらないじゃないか。

やがて，源氏をはじめとする各地の武士が兵を挙げ，平氏は壇ノ浦（山口県）で滅ぼされた。

基本練習

答えは別冊4ページ

1 [　　　] にあてはまる語句を書きましょう。

(1) 平安時代半ばに登場した武士は，やがて [　　　] をつくるようになり，中でも平氏と [　　　] が棟梁として勢力を広げました。

(2) 1086年，白河天皇は位をゆずって上皇になり，その後も政治を動かしました。この政治を [　　　] といいます。

(3) 上皇と天皇との対立などから，武士を動員して二度の内乱が起こり，勝利した [　　　] が勢力を広げました。

(4) 平氏の政治に不満が高まって源氏をはじめとする各地の武士が兵を挙げ，1185年, [　　　] の戦い（山口県）で平氏は源氏に滅ぼされました。

2 (　　) のうち，正しいほうを選びましょう。

(1) 1167年，平清盛は武士として初めて（ 征夷大将軍・太政大臣 ）となりました。

(2) 平清盛は，（ 宋・唐 ）との貿易を進めるため，兵庫（兵庫県神戸市）の港を修築しました。

語呂合わせで年代を覚えよう。院政を 一応やろうと 白河上皇（1086年 白河上皇が院政を始める)。人々むなし 清盛の政治（1167年 平清盛が太政大臣となる)。

復習テスト 2

➡答えは別冊14ページ

2章 古代・中世の政治と文化

1 右の年表を見て，次の問いに答えましょう。

【(4)は７点，他は各５点　計52点】

年代	できごと
710	平城京に都を移す ……A
	↕ ア
794	平安京に都を移す
	↕ イ
797	坂上田村麻呂が［ B ］となる
	↕ ウ
1016	〔 X 〕が摂政となる
	↕ エ
1167	平清盛が［ C ］となる

(1)　Aの平城京を中心に政治が行われた時代を何といいますか。

［　　　　　　］

(2)　B・Cの［　　］にあてはまる役職を，それぞれ答えましょう。

B［　　　　　　］

C［　　　　　　］

(3)　〔 X 〕にあてはまる，**［資料1］**の歌を詠んだ人物を答えましょう。

［　　　　　　］

(4)　(3)の人物をはじめとする一族は，天皇家との結びつきを強めて勢力を伸ばしました。その方法を，**［資料2］**を参考に，〔娘，次の天皇〕という語句を用いて簡潔に説明しましょう。

［　　　　　　　　　　　　］

［資料1］

この世をば　わが世とぞ思う
望月の　かけたることも
なしと思えば

［資料2］

〔＊は(3)の人物の娘〕

(3)の人物

後朱雀天皇＝＊嬉子　後一条天皇＝＊威子　三条天皇＝＊妍子　一条天皇＝＊彰子

（＝は夫婦関係を示す）

(5)　次のⅠ・Ⅱを読んであとの問いに答えましょう。

Ⅰ　白河天皇は，位を譲って上皇となったあとも政治を動かした。

Ⅱ　朝廷は新たに開墾した土地の永久私有を認め，人々に開墾をすすめた。

①　Ⅰのような政治を何といいますか。

［　　　　　　］

②　Ⅱの下線部を定めた法を何といいますか。また，この法によって私有地が増えたことで，崩れ始めた原則を何といいますか。

法［　　　　　　］　原則［　　　　　　］

③　Ⅰ・Ⅱがあてはまる時期を，年表中のア～エからそれぞれ１つずつ選び，記号で答えましょう。

Ⅰ［　　　］　Ⅱ［　　　］

2 次の文を読んで，あとの問いに答えましょう。

【(1)は6点，(2)は7点，他は各5点　計23点】

> ［　A　］と光明皇后は，①国ごとに国分寺と国分尼寺を，都には東大寺を建てて金銅の大仏をつくらせた。この時代には，［　B　］を通じて伝えられた中国の文化の影響を強く受けた②文化が栄えた。

(1)　Aにあてはまる天皇を答えましょう。

［　　　　　　］

(2)　(1)の天皇が，下線部①のことを行った理由を，〔仏教〕という語句を用いて，解答欄に合うように簡潔に答えましょう。

［　　　　　　　　　　　　と考えたから。］

(3)　Bにあてはまる，7世紀から9世紀にかけて中国に送られた使節を答えましょう。

［　　　　　　］

(4)　下線部②の文化を何といいますか。

［　　　　　　］

3 平安時代の仏教と文化についての次の文を読んで，あとの問いに答えましょう。

【各5点　計25点】

> 9世紀初め，中国にわたったa僧たちが仏教の新しい教えを日本に伝えた。平安時代半ばになると都でb［　　　］信仰がおこり，やがて地方にも広まった。また，この時代には，政治の実権を握った貴族たちが，c独自の文化を生み出した。

(1)　下線部aについて，このときに伝えられた仏教の新しい教えと，伝えた僧の組み合わせとして正しいものを，次のア～エから2つ選び，記号で答えましょう。

ア　天台宗，最澄　　　イ　真言宗，最澄

ウ　天台宗，空海　　　エ　真言宗，空海

［　　・　　］

(2)　下線部bについて，［　　　］にあてはまる語句を答えましょう。

［　　　　　　］

(3)　下線部cについて，この文化を［　①　］といい，このころ日本語を書き表せる［　②　］が，漢字を変形させてつくられました。①・②にあてはまる語句を答えましょう。

①［　　　　　　］　②［　　　　　　］

11 鎌倉幕府の政治はどんな政治？

鎌倉幕府の成立

平氏の滅亡後，**源頼朝**が開いた武士の政権を**鎌倉幕府**といいます。頼朝は，1192年に**征夷大将軍**に任命されました。頼朝の死後は，北条氏が幕府の実権を握り，代々**執権**という地位に就いて政治を行いました（**執権政治**）。

●鎌倉幕府の始まり

【御恩と奉公の関係】

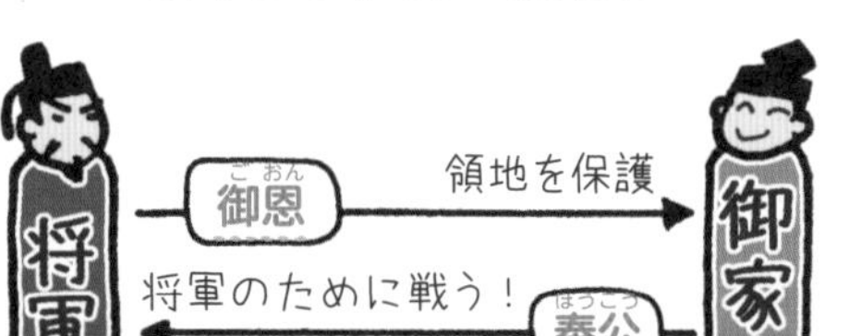

将軍と家来の武士（御家人）は，土地を仲立ちとした主従関係を結んだ。

後鳥羽上皇は，幕府をたおそうと**承久の乱**を起こしますが，幕府に敗れました。幕府は支配を広げ，1232年には武士独自の法である**御成敗式目**（**貞永式目**）を制定しました。

●承久の乱（1221年）と執権政治の展開

基本練習

➡ 答えは別冊4ページ

1 ＿＿＿ にあてはまる語句を書きましょう。

(1) ＿＿＿ は，鎌倉に幕府を開いて武家政治を始めました。

(2) 源頼朝の死後，＿＿＿ 氏が代々 ＿＿＿ の地位に就き，政治の実権を握りました。

(3) 1232年に制定された ＿＿＿ は，武家社会の最初の法律です。

2 (　　) のうち，正しいほうを選びましょう。

(1) 鎌倉時代，将軍は御家人の領地を保護し，功績があれば新しい領地を与(あた)えました。これを（ 御恩・奉公 ）といいます。また，御家人が将軍のために戦うことを（ 御恩・奉公 ）といいます。

(2) 鎌倉時代，国ごとに（ 地頭・守護 ）が置かれ，荘園や公領には（ 地頭・守護 ）が置かれました。

(3) 1221年，（ 白河(しらかわ)・後鳥羽(ごとば) ）上皇が幕府をたおそうと兵を挙げました。これを（ 承久(じょうきゅう)・保元(ほうげん) ）の乱といいます。

(4) (3)の乱に勝利した幕府は，京都に（ 大宰府(だざいふ)・六波羅探題(ろくはらたんだい) ）を置いて，朝廷を監視しました。

ミス注意 2 (3) 白河上皇は平安(へいあん)時代。摂関(せっかん)政治のあと，1086年に院政(いんせい)を始めた。後鳥羽上皇は鎌倉時代。承久の乱を起こして敗れた。

12 鎌倉時代の文化と宗教
鎌倉時代の文化や宗教の特徴は？

鎌倉時代には，平安時代の貴族の文化をもとに，武士の好みに合った力強い文化が生まれました。また，わかりやすく信仰しやすい仏教が広まりました。

●鎌倉時代の建築・彫刻

↑東大寺南大門　（東大寺/撮影：飛鳥園）

↑東大寺南大門の金剛力士像（運慶らの作品）　（東大寺／撮影：飛鳥園）

●鎌倉時代の主な文学作品

ジャンル	作品名	内容
軍記物	『平家物語』	武士の戦いを描く
和歌集	『新古今和歌集』	藤原定家らが編集
随筆	『方丈記』	鴨長明が著す

●鎌倉時代の新しい仏教

浄土宗

法然

浄土真宗

親鸞

時宗

一遍

日蓮宗（法華宗）

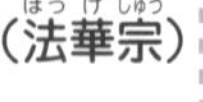

日蓮

臨済宗　**曹洞宗**

栄西（えいさい）

道元

基本練習

➔ 答えは別冊4ページ

1 （　　）のうち，正しいほうを選びましょう。

(1) 鎌倉時代には，新たに支配者となった（ 貴族・武士 ）の好みに合った（ はなやかな・力強い ）文化が生まれました。

(2) 鎌倉時代に広まった仏教の中でも，栄西と道元が中国から伝えた（ 時宗・禅宗 ）は，幕府によって保護されました。

(3) 法然は（ 浄土宗・浄土真宗 ）を開き，その弟子の親鸞は（ 浄土宗・浄土真宗 ）を開きました。

(4) 日蓮は（ 念仏・題目 ）を唱えれば国も人も救われると説きました。

2 ［　　］にあてはまる語句を書きましょう。

（東大寺/撮影：飛鳥園）

(1) 右の写真は運慶らによってつくられた彫刻で［　　　　］といい，宋の建築様式を取り入れて再建された［　　　　］に収められています。

(2) 『［　　　　］』は，武士の戦いを描いた軍記物で，琵琶法師によって語り広められました。

(3) 『［　　　　］』は，藤原定家らが編集した和歌集です。

ミス注意 1 (4) 日蓮が説いた教えは題目を唱えること。念仏を唱えることを説いたのは法然ら。ちなみに念仏は「南無阿弥陀仏」，題目は「南無妙法蓮華経」。

13 モンゴルの襲来 元軍が攻めてきてどうなったの？

13世紀の初めに**チンギス・ハン**が築いたモンゴル帝国は，ユーラシア大陸をまたぐ大帝国となりました。5代皇帝**フビライ・ハン**は国名を元として，中国全土を支配しました。

●モンゴル帝国の拡大

モンゴル帝国は貿易を奨励したので，東西文化の交流が活発になった。

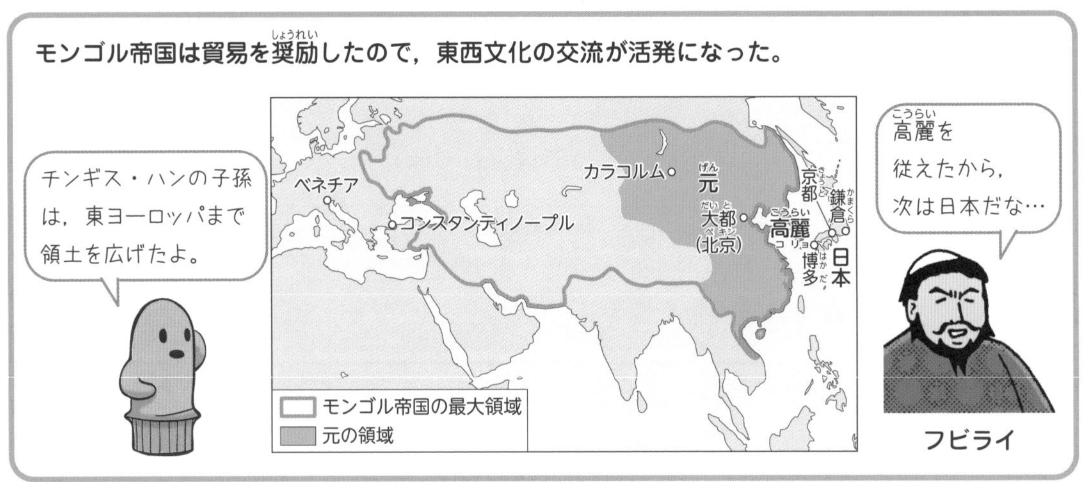

8代執権**北条時宗**のとき，フビライは日本を従えようと，九州北部に大軍を送ってきました（1274年の**文永の役**と1281年の**弘安の役**）。この2度にわたる元軍の襲来を元寇（蒙古襲来）といいます。元寇のあと，御家人の生活は苦しくなりました。

●元軍との戦いと幕府の衰え

御家人の生活を救うため**徳政令**（**永仁の徳政令**）が出されたが，効果は一時的だったため，幕府は御家人の信用を失った。

基本練習

答えは別冊5ページ

1 ［　　］にあてはまる語句を書きましょう。

(1)　13世紀の初め，チンギス・ハンは［　　　　］帝国を築きました。

(2)　(1)の帝国は，［　　　　］大陸の東西にまたがる大帝国となりました。

(3)　チンギス・ハンの孫（まご）で，(1)の帝国の５代皇帝の［　　　　］は，国名を元として，中国全土を支配しました。

(4)　13世紀後半，元軍が二度にわたって九州北部に襲来したできごとを，［　　　　］といいます。

(5)　(4)のあと，生活が苦しくなった御家人を救うため，幕府は［　　　　］を出しましたが，効果は一時的で，かえって信用をなくしました。

2 （　　）のうち，正しいほうを選びましょう。

(1)　元軍が二度にわたって襲来したときの執権は，（　北条泰時（やすとき）・北条時宗（ときむね）　）です。

(2)　元軍は（　一騎（いっき）打ち・集団戦法　）と火薬を使った武器で，幕府軍を苦しめました。

ミス注意 **2** (1) 北条泰時は３代執権で御成敗式目（ごせいばいしきもく）を定めた。鎌倉（かまくら）幕府の執権として，御成敗式目を定めた北条泰時と，元寇のときの北条時宗は必ず覚えておこう。

14 足利義満が行ったことは？

鎌倉幕府をたおした**後醍醐天皇**は**建武の新政**を始めますが２年ほどで崩れました。**足利尊氏**が京都に新たに天皇を立てたことで，二つの朝廷が争う**南北朝時代**となりました。

●建武の新政から室町幕府の成立へ

室町幕府の３代将軍**足利義満**のとき，南北朝は統一されました。義満は，海賊行為をはたらく**倭寇**を取り締まり，中国（明）と**日明貿易**（**勘合貿易**）を始めました。

●倭寇と日明貿易

勘合の左半分を持った日本の貿易船が明に行く　明が持つ右半分と照合する

基本練習

答えは別冊5ページ

1 次の各問いに答えましょう。

(1) 後醍醐天皇が，鎌倉幕府をたおして始めた政治を何といいますか。

〔　　　　　　〕

(2) (1)の政治の特色を，次のア～ウから１つ選び，記号で答えましょう。

ア　貴族を重視　　イ　武士を重視　　ウ　農民など民衆を重視

〔　　　〕

(3) 京都の朝廷と吉野（奈良県）の朝廷が争いを続けた，約60年間を何時代といいますか。

〔　　　　　　〕

(4) 足利義満が貿易を始めたときの，中国の王朝を何といいますか。

〔　　　　　　〕

2 □ にあてはまる語句を書きましょう。

(1) 1338年，□ は京都の北朝の天皇から征夷大将軍に任命され，幕府を開きました。

(2) 足利義満のとき，□ が統一されました。

(3) 足利義満が始めた貿易で □ と正式な貿易船とを区別するために用いられた，右のような証明書を □ といいます。

ミス注意　1 (3) 南北朝時代は，二つの朝廷が生まれた1336年から統一される1392年まで。1338年から始まった室町時代の，初めの54年間が南北朝時代となる。

15 応仁の乱って何？

応仁の乱と室町文化

8代将軍**足利義政**のとき，将軍のあとつぎ問題をめぐって有力な守護大名が対立し，**応仁の乱**が起こりました。この乱ののち，約100年間におよぶ**戦国時代**となりました。

●応仁の乱をきっかけに戦国時代へ

室町時代には，貴族の文化と，禅宗の影響を受けた武士の文化が混ざり合い，新たな文化が生まれました。

●室町文化の建築・絵画

↑雪舟が描いた水墨画

↑足利義政が建てた銀閣

↑書院造の部屋（東求堂同仁斎）

基本練習

➔ 答えは別冊5ページ

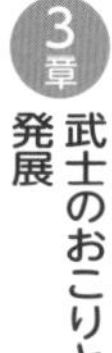

1 [　　　] にあてはまる語句を書きましょう。

(1) 室町幕府の８代将軍 [　　　] のあとつぎをめぐって有力な守護大名が対立し，1467年，[　　　] の乱が起こりました。

(2) (1)の乱のあと，家来が主人に打ち勝ってその地位を奪う [　　　] の風潮が広がりました。

(3) (1)の乱のあとの約100年間，各地に現れた戦国大名が活躍した時代を [　　　] といいます。

2 (　　　) のうち，正しいほうを選びましょう。

(1) 足利（ 義満・義政 ）は，京都の北山に金閣を建てました。

(2) 足利（ 義満・義政 ）は，京都の東山に銀閣を建てました。

(3) 銀閣の敷地にある建物の部屋に取り入れられた，右の写真のような建築様式を（ 寝殿造・書院造 ）といいます。

（絵・ゼンジ）

(4) 禅宗の僧の雪舟は，墨一色で自然を描く（ 水墨画・大和絵 ）の名作を多く残しました。

ミス注意 **2** (1)(2) 金閣を建てたのは，日明貿易を行った３代将軍足利義満。銀閣を建てたのは，応仁の乱のきっかけをつくった８代将軍足利義政。「金閣義満，銀閣義政」しっかり覚えよう。

復習テスト 3

➜答えは別冊15ページ

得点　／100点

3章 武士のおこりと発展

1 右の年表を見て，次の問いに答えましょう。

【各5点　計55点】

年代	できごと
1185	A が【 X 】と地頭を設置
1192	A が征夷大将軍になる
	↕ ア
1232	B が制定される
	↕ イ
1297	徳政令が出される
	↕ ウ
1334	建武の新政が始まる
	↕ エ
1338	京都に幕府が開かれる………C
1404	日明貿易が始まる……………D
	↕ オ
1467	応仁の乱が起こる……………E

(1)　2か所のAに共通してあてはまる人物を答えましょう。

［　　　　］

(2)　Bについて，次の問いに答えましょう。

①　右下の［資料］は，Bにあてはまる法律の一部です。のちに，武士の法律の見本となったこの法律を何といいますか。

［　　　　］

②　［資料］中のXと年表中のXに共通してあてはまる，国ごとに置かれた役職を答えましょう。

［　　　　］

［資料］

一、諸国の【 X 】の職務は，京都の御所の警備と，謀反や殺人などの犯罪人などの取り締まりに限る。

(3)　C～Eのできごとに関係の深い人物を，次のア～エからそれぞれ選び，記号で答えましょう。

ア　足利義満　　イ　足利義政
ウ　足利尊氏　　エ　足利義昭

C［　　］　D［　　］　E［　　］

(4)　次のⅠ～Ⅲを読んで，あとの問いに答えましょう。

Ⅰ　日本を従えようとした元の軍が，2度にわたって九州北部に襲来した。
Ⅱ　後鳥羽上皇が，幕府をたおそうと［　　］を起こした。
Ⅲ　朝廷が二つに分かれて争う，南北朝時代が始まった。

①　Ⅰのときの幕府の執権を答えましょう。また，Ⅱの［　　］にあてはまる乱を答えましょう。

Ⅰ［　　　　］　Ⅱ［　　　　］

②　Ⅰ～Ⅲのできごとが起こった時期を，年表中のア～オからそれぞれ1つずつ選び，記号で答えましょう。

Ⅰ［　　］　Ⅱ［　　］　Ⅲ［　　］

2 鎌倉(かまくら)時代に広まった新しい仏教についての右の表を見て，次の問いに答えなさい。

【(3)は各4点，他は各5点　計33点】

宗派	開祖
浄土宗(じょうどしゅう)	①
浄土真宗(じょうどしんしゅう)	②
時宗(じしゅう)	③
日蓮宗(にちれんしゅう)	日蓮
臨済宗(りんざいしゅう)	④
曹洞宗(そうとうしゅう)	道元(どうげん)

(1)　①～④にあてはまる開祖を，次の**ア**～**エ**からそれぞれ1人ずつ選び，記号で答えましょう。

ア　一遍(いっぺん)　　**イ**　法然(ほうねん)　　**ウ**　栄西(ようさい／えいさい)　　**エ**　親鸞(しんらん)

①［　　　　］　②［　　　　］
③［　　　　］　④［　　　　］

(2)　臨済宗や曹洞宗など，座禅(ざぜん)により，自分の力で悟(さと)りを開こうとする仏教の一派(いっぱ)を何といいますか。

［　　　　　］

(3)　浄土真宗と日蓮宗について述べている文を，次の**ア**～**エ**からそれぞれ1つずつ選び，記号で答えましょう。

ア　踊念仏(おどりねんぶつ)や念仏の札(ふだ)を配って教えを広めた。

イ　阿弥陀如来(あみだにょらい)の救いを信じて，自分の罪を自覚した者こそが救われると説いた。

ウ　法華経(ほけきょう)の題目(だいもく)を唱えれば，国も人も救われると説いた。

エ　国家から保護を受けるかわりに，国家を仏教の力で守るよう命じられた。

浄土真宗［　　　　］　日蓮宗［　　　　］

3 鎌倉時代と室町(むろまち)時代の文化について，次の問いに答えましょう。

【(1)(2)は各4点，(3)は各2点　計12点】

(1)　鎌倉文化を代表するAの彫刻を何といいますか。

［　　　　　］

(2)　室町時代にさかんに描(えが)かれた，墨(すみ)一色で自然を表現するBのような絵画を何といいますか。　［　　　　　］

(3)　鎌倉時代の文化と室町時代の文化の特徴(とくちょう)を述べている文を，次の**ア**～**エ**からそれぞれ1つずつ選び，記号で答えましょう。

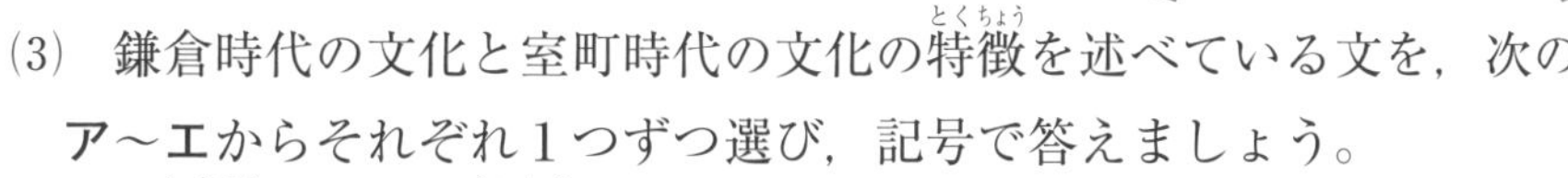

ア　中国(ちゅうごく)の文化の影響(えいきょう)を強く受けた国際色豊かな文化。

イ　貴族(きぞく)の文化と，武士の文化が混じり合った文化。

ウ　貴族の文化を受け継(つ)ぎつつ，武士の好みを反映した力強い文化。

エ　朝廷(ちょうてい)がある地域を中心に栄えた，日本で最初の仏教文化。

鎌倉時代［　　　　］　室町時代［　　　　］

[A]（東大寺/撮影：飛鳥園）

[B]（ColBase（https://colbase.nich.go.jp））

16 ヨーロッパでは何が起こっていたの？

中世ヨーロッパとイスラム世界

中世ヨーロッパでは，**キリスト教**が人々の精神的な支えとなっていました。11世紀に聖地**エルサレム**がイスラム教の国に占領されると，ローマ教皇の呼びかけで**十字軍**が派遣されました。

●中世のヨーロッパとイスラム世界の交流

注：エルサレムはユダヤ教，キリスト教，イスラム教共通の聖地だった。

14世紀，イスラム世界から伝わった古代ギリシャやローマの文化を理想とする新しい文化の風潮である，**ルネサンス**（文芸復興）が生まれました。

●ルネサンス期の芸術と技術

基本練習

答えは別冊5ページ

1 [　　　] にあてはまる語句を書きましょう。

(1) ヨーロッパでは，11世紀に聖地 [　　　] がイスラム教の国に占領されると，その奪回を目指して [　　　] が派遣されました。

(2) (1)のできごとによって，[　　　] 世界の進んだ学問や技術が [　　　] にもたらされました。

(3) 14世紀になると，イタリアから西ヨーロッパにかけて，新しい文化の風潮が生まれました。これを [　　　] (文芸復興) といいます。

2 (　　　) のうち，正しいほうを選びましょう。

(1) 中世のヨーロッパでは (イスラム教・キリスト教) が広まり，人々の精神的な支えとなっていました。

(2) 11世紀のヨーロッパで，イスラム教の国に占領された聖地の奪回を呼びかけたのは (ローマ教皇・各国の王たち) です。

(3) 14世紀から16世紀にかけて西ヨーロッパに広がった，新しい文化の風潮 (文芸復興) は，(古代エジプト・古代ギリシャやローマ) の文化を理想としています。

ミス注意 **2** (2) 聖地の奪回を呼びかけたのは，キリスト教のカトリック教会で最高の地位にいた人物。このころは大きな権威(けんい)をもち，諸国の王を服従させることもあった。

17 ヨーロッパ人の世界進出
コロンブスが航海に出たわけは？

15世紀，ヨーロッパの人々は新たな航路の開拓を始めました（**大航海時代**）。目的は，キリスト教を広めることと，香辛料などのアジアの産物を直接手に入れることでした。

●コロンブスの場合

コロンブスのほか，バスコ・ダ・ガマやマゼラン船隊が新航路を開拓しました。

①コロンブス
スペインの支援で，
大西洋を横断。

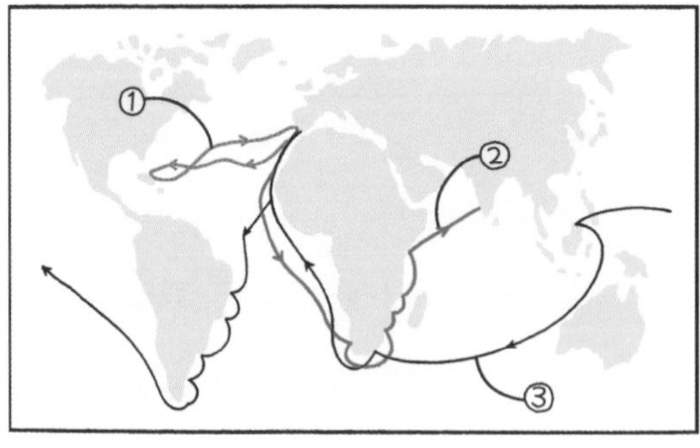

②バスコ・ダ・ガマ
ポルトガルの航海者。
インド航路を発見。

③マゼラン船隊
スペインが後援。
世界一周を達成。

●アメリカ大陸の植民地化

【アメリカ大陸では…】
スペインがアステカ王国やインカ帝国を滅ぼし，広大な植民地を築いた。

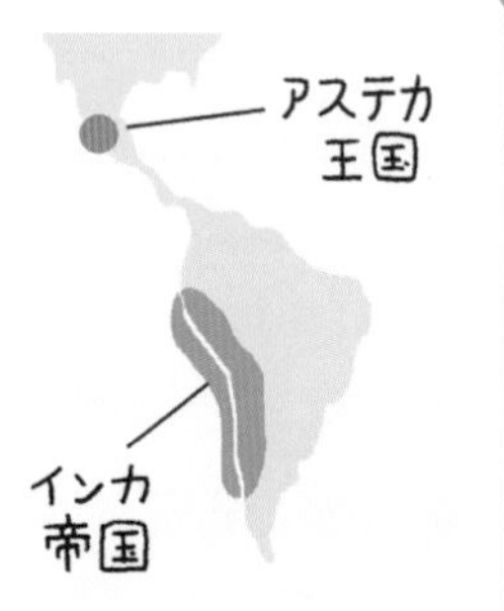

アジアとの貿易を始めたポルトガルやスペインは，のちに日本にもやってきたよ。

基本練習

答えは別冊6ページ

1 **(　　　)のうち，正しいほうを選びましょう。**

(1) 15世紀，ヨーロッパの人々は新しい航路の開拓を始めました。その目的は（　イスラム教・キリスト教　）を広めることと，香辛料など（　アジア・アフリカ　）の産物を直接手に入れることでした。

(2) アメリカ大陸に進出した（　スペイン・ポルトガル　）は，先住民が築いていたアステカ王国やインカ帝国を滅ぼし，広大な植民地を築きました。

2 **［　　　］にあてはまる語句を書きましょう。**

(1) 1492年，［　　　　　］は大西洋を横断し，アメリカ大陸に近い西インド諸島に到達(とうたつ)しました。

(2) 1498年，ポルトガルのバスコ・ダ・ガマは，ヨーロッパからアフリカ南端(なんたん)をまわって（　インド・フィリピン　）に到達する航路を開拓しました。

(3) 1522年，スペイン国王の後援を受けた［　　　　　］の一行は世界一周を達成しました。

ポイント **2** 新航路を開拓した人物と，それぞれが到達した年号は，次のように覚えよう。**意欲**(1492)**に燃える** コロンブス。**意欲は**(1498)ボクにもあるよ バスコ・ダ・ガマ。

18 なぜキリスト教が伝わったの？

ヨーロッパ人の来航

16世紀に入り，ドイツやスイスで，免罪符を販売するカトリック教会を批判する**宗教改革**が始まりました。これに対してカトリック教会は，新航路開拓でアジアなどに行きやすくなったことを利用して，海外への布教に乗り出しました。

●宗教改革とその後の動き

1549年，**イエズス会**の宣教師**ザビエル**が日本に来てキリスト教を伝えました。このころ，ポルトガル人やスペイン人との貿易（**南蛮貿易**）も始まりました。

●ヨーロッパ人の来航

このころ，種子島(鹿児島県)に漂着したポルトガル人が**鉄砲**を伝えました。

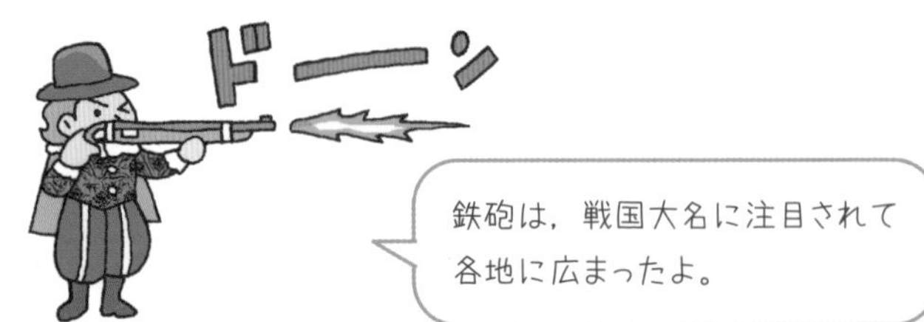

基本練習

答えは別冊6ページ

1 ［　　］にあてはまる語句を書きましょう。

(1) 16世紀に入り，ドイツやスイスで，免罪符を販売して資金集めをするカトリック教会を批判して，［　　］が始まりました。

(2) (1)のあと，カトリック教会で始まった改革の中心となった［　　］会は，［　　］やアメリカ大陸に宣教師を派遣して布教を行いました。

(3) 1543年，種子島に漂着した［　　］人が日本に伝えた［　　］は，新しい武器として戦国大名に注目され，広まりました。

2 次の問いに答えましょう。

(1) ドイツのルターらが始めた改革を支持する人々は何と呼ばれましたか。
［　　　　　］

(2) 1549年，鹿児島に上陸して日本にキリスト教を伝えた宣教師は誰ですか。
［　　　　　］

(3) 16世紀の半ばすぎに始まった，日本にやってきたポルトガル人やスペイン人との貿易を何といいますか。
［　　　　　］

ポイント 2 (3) 当時の日本では，ポルトガル人やスペイン人のことを南蛮人と呼んでいた。

織田信長の統一事業

19 織田信長が目指したことは？

戦国大名たちが全国統一を目指し始めた16世紀中ごろ，尾張（愛知県）の**織田信長**が勢力を広げました。信長は京都に上り，室町幕府を滅ぼして統一事業を進めました。

●信長の登場

信長は，鉄砲を活用した戦法でほかの大名たちをたおし，拠点とした安土（滋賀県）では**楽市・楽座**を行いました。しかし，全国統一を目前に，家臣の明智光秀に背かれて本能寺（京都府）で自害しました。

●鉄砲の活用

●楽市・楽座

基本練習

答えは別冊6ページ

1 （　　）のうち，正しいほうを選びましょう。

(1) （ 尾張・駿河 ）の戦国大名だった織田信長は，桶狭間の戦いで（ 武田・今川 ）氏を破り，勢力を広げました。

(2) 信長は，（ 大阪・安土 ）に城を築き，全国統一の拠点としました。

2 [　　] にあてはまる語句を書きましょう。

(1) 1573年，織田信長は15代将軍足利義昭を京都から追放して [　　] 幕府を滅ぼしました。

(2) 信長は，長篠の戦いで [　　] を有効に使い，甲斐（山梨県）の戦国大名武田勝頼に勝利しました。

(3) 信長は，城下町を経済的に発展させるため，安土で市の税を免除し，特権的な座を廃止しました。この政策を [　　] といいます。

(4) 全国統一を目前にして，信長は，[　　] 寺で家臣の明智光秀に背かれ，自害しました。

ポイント **1** (1)，**2** (2) 信長が勝利した「桶狭間の戦い」と「長篠の戦い」。「桶狭間」→「長篠」の順。たおした大名は順に「今川」→「武田」。戦いと大名の順番をセットで覚えよう。

20 豊臣秀吉の全国統一
豊臣秀吉の政治って？

豊臣秀吉は，織田信長の後継者となり，**大阪城**を築いて1590年に全国統一を達成しました。また，**太閤検地**や**刀狩**を実施したほか，キリスト教の布教を禁止したり，２度にわたって朝鮮に大軍を送ったりしました。

●太閤検地と刀狩

これらの政策で，武士と百姓の身分がはっきり区別された。これを**兵農分離**というよ。

●そのほかの政治

基本練習

答えは別冊6ページ

1 豊臣秀吉が行った政策について，次の問いに答えましょう。

(1)　全国の田畑の面積や土地のよしあしを調べ，百姓に年貢を納めることを義務づけた政策を何といいますか。　〔　　　　　　〕

(2)　百姓から武器を取り上げた政策を何といいますか。　〔　　　　　　〕

(3)　(1)や(2)の政策により，武士と百姓との身分の区別が明確になりました。これを何といいますか。　〔　　　　　　〕

2 □ にあてはまる語句を書きましょう。

(1)　秀吉が百姓や寺社から武器を取り上げる政策を行ったのは，□を防ぐためです。

(2)　秀吉はキリスト教が全国統一の妨(さまた)げになると考え，□の国外追放を命じました。しかし，ポルトガル人らとの□は認めていたため命令は徹底(てってい)せず，信者も増え続けました。

(3)　秀吉は□（中国(ちゅうごく)）の征服を目指し，その道すじにあたる□に大軍を送りました。

ポイント　**2 (2) 当時の貿易（南蛮(なんばん)貿易）はキリスト教の布教と一体化していて，宣教師たちは貿易船にのって来日したため，信者が増え続けた。**

21 桃山文化の特徴は？

安土桃山時代の文化

商業や南蛮貿易がさかんになった安土桃山時代には，富を蓄えた大名や大商人の気風を反映して，雄大で豪華な文化が生まれました。この文化を**桃山文化**といいます。

●桃山文化の特色

【建築や絵画】

(提供：姫路市)

姫路城…城には，高くそびえる**天守**（天守閣）と巨大な石垣が築かれた。

(宮内庁三の丸尚蔵館)

狩野永徳の「唐獅子図屏風」

…城のふすまや屏風，天井には，きらびやかな絵（濃絵）が描かれた。

【芸能】

わび茶　千利休

かぶき踊り　出雲の阿国

●南蛮文化（ヨーロッパの影響を受けた文化）の流行

多くのヨーロッパ人が来航して
パンやカステラ，時計などをもたらした。
活版印刷術も伝わり，
日本の書物がローマ字で印刷された。

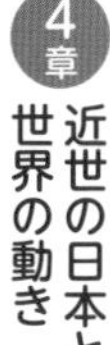

基本練習

答えは別冊7ページ

1 （　　　）のうち，正しいほうを選びましょう。

(1) 安土桃山時代には，富を蓄えた（ 公家・大名 ）や大商人の気風を反映した（ 雄大で豪華な・質素で落ち着いた ）文化が生まれました。

(2) 城のふすまや屏風などには，（ 狩野永徳・雪舟 ）らによるきらびやかな絵が描かれました。

2 [　　　　] にあてはまる語句を書きましょう。

(1) 右の写真の [　　　　] 城は，桃山文化の特徴をよく表している雄大な建築で，世界遺産にも登録されています。

（提供：姫路市）

(2) 安土桃山時代には，右の写真に見られるような高くそびえる [　　　　] をもつ城がつくられるようになりました。

(3) [　　　　] は，わび茶と呼ばれる芸能を完成させました。

(4) 出雲の阿国という女性が始めた [　　　　] 踊りは，京都で人気となりました。

ミス注意　1 (2) 狩野永徳も雪舟も画家。雪舟は室町時代の禅宗の僧でもあり，墨一色で水墨画を描いた。狩野永徳は安土桃山時代の画家。あざやかな色を使い，きらびやかな絵を描いた。

復習テスト 4

答えは別冊15ページ

得点　　／100点

4章 近世の日本と世界の動き

1 中世のヨーロッパについて，右の年表を見て，次の問いに答えましょう。

【各5点　計35点】

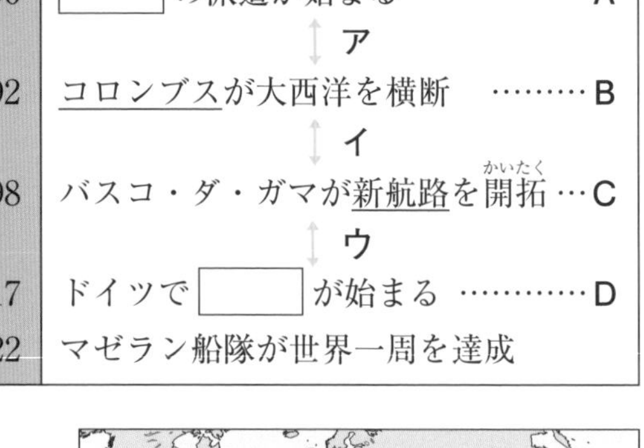

年代	できごと
1096	□の派遣が始まる……………A
	↕ ア
1492	コロンブスが大西洋を横断………B
	↕ イ
1498	バスコ・ダ・ガマが新航路を開拓…C
	↕ ウ
1517	ドイツで□が始まる…………D
1522	マゼラン船隊が世界一周を達成

(1) Aの□にあてはまる，ローマ教皇の呼びかけでエルサレムの奪回を目指した遠征軍を何といいますか。

［　　　　］

(2) Bの下線部の人物の計画を支援し，その後アメリカ大陸の植民地化を進めた国を，次のア～エから1つ選び，記号で答えましょう。

ア イギリス　　**イ** ポルトガル
ウ オランダ　　**エ** スペイン

［　　　　］

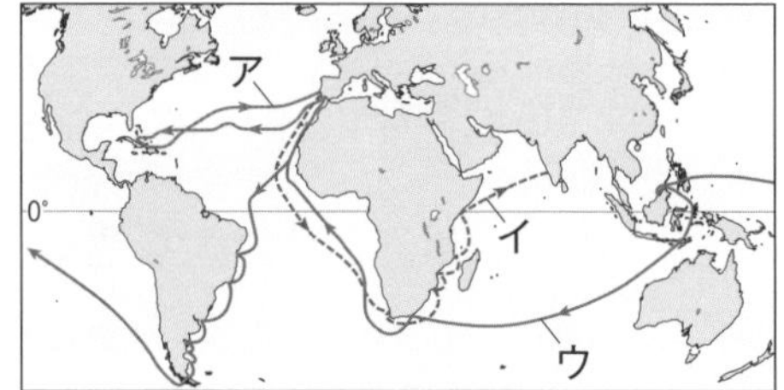

(3) Cの下線部の新航路を，右の地図中のア～ウから1つ選び，記号で答えましょう。

［　　　　］

(4) Dについて，次の問いに答えましょう。

① Dの□にあてはまる，免罪符を売り出したカトリック教会の腐敗を正そうとして始まった動きを何といいますか。解答欄に合うように漢字2字で答えましょう。

［　　　　改革］

② ①を受けて，カトリック教会で始まった改革の中心となったイエズス会の宣教師で，のちに日本にキリスト教を伝えた人物をカタカナ4字で答えましょう。

［　　　　］

(5) 次の文を読んで，あとの問いに答えましょう。

> イタリアで，古代ギリシャ・ローマの文化を理想とする新しい風潮が生まれた。

① 下線部の新しい風潮をカタカナで何といいますか。

［　　　　］

② ①が生まれた時期を，年表中のア～ウから1つ選び，記号で答えましょう。

［　　　　］

2 織田信長と豊臣秀吉についてのA～Dを読んで，あとの問いに答えましょう。

【(3)は11点，他は各6点　計65点】

A　拠点とした安土城の城下で，経済を発展させるための政策を実施した。

B　全国の田畑の面積や土地のよしあしを調べ，予想される収穫高を石高で表した。

C　百姓や寺社から，刀・弓・やり・鉄砲などの武器を取り上げた。

D　新しい兵器を活用した戦法で，有力な戦国大名の武田勝頼を破った。

(1)　A～Dを，織田信長に関することと，豊臣秀吉に関することに分け，記号で答えましょう。

織田信長［　　　　］　豊臣秀吉［　　　　］

(2)　Aの政策を何といいますか。このときに出された法令の一部である［資料1］を参考に，答えましょう。

［　　　　］

［資料1］

一　この安土の町は楽市としたので，いろいろな座は廃止し，さまざまな税は免除する。

(3)　BとCによって進んだ「兵農分離」とは，どのようなことですか。簡潔に説明しましょう。

［　　　　］

(4)　［資料2］はDの戦いを描いています。この戦いで活用された新しい兵器とは何ですか。漢字2字で答えましょう。また，この兵器を日本に伝えたのはどこの国の人ですか。次のア～エから1つ選び，記号で答えましょう。

ア　中国　　イ　ポルトガル

ウ　オランダ　　エ　スペイン

兵器［　　　　］　国［　　　　］

［資料2］

（徳川美術館所蔵(c)徳川美術館イメージアーカイブ/DNP artcom）

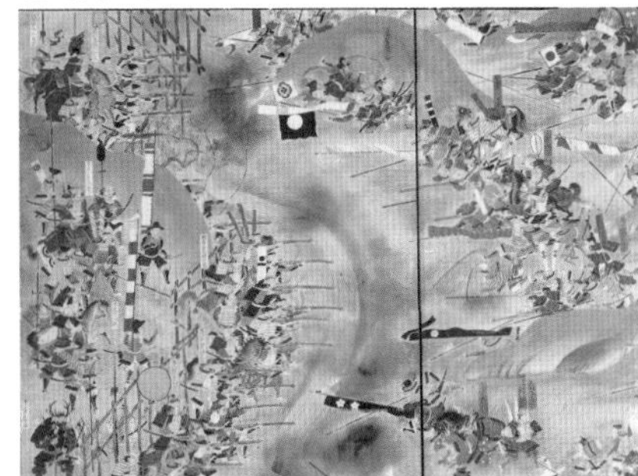

(5)　織田信長や豊臣秀吉が活躍した時代の文化を，何といいますか。

［　　　　］

(6)　次の①～③は，(5)の文化を代表する人物です。それぞれの人物に関係の深いものを，あとのア～エからそれぞれ1つずつ選び，記号で答えましょう。

①　狩野永徳　　②　千利休　　③　出雲の阿国

ア　わび茶　　イ　大和絵　　ウ　「唐獅子図屏風」　　エ　かぶき踊り

①［　　］　②［　　］　③［　　］

22 江戸幕府の成立
江戸幕府が大名を従えた方法は？

豊臣秀吉の死後，**徳川家康**は**関ヶ原の戦い**に勝利し，1603年に征夷大将軍に任命されて**江戸幕府**を開きました。**江戸時代**は，将軍を中心とする幕府と，大名が治める藩が，全国の土地と民衆を支配しました（**幕藩体制**）。

●江戸幕府の支配のしくみ

幕府は武家諸法度を定めて，大名を厳しく統制した。
３代将軍徳川家光は，参勤交代を制度化した。

一、大名は，毎年四月中に江戸に参勤すること。
一、新しい城をつくってはいけない。
一、大名はかってに結婚してはならない。
（一部）

↑武家諸法度（家光のときのものの一部）

↓参勤交代のしくみ

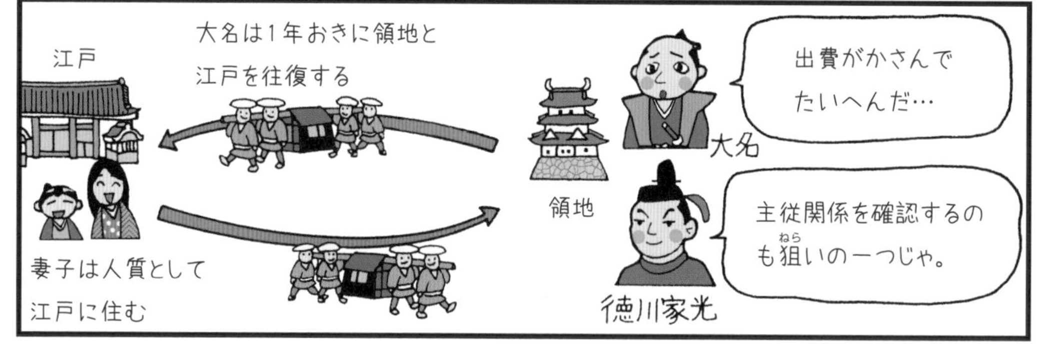

↓大名の配置の工夫

【大名の区別】

- **親藩**…徳川家の一族。
- **譜代大名**…古くから徳川家の家臣。
- **外様大名**…関ヶ原の戦いのころから従った大名。

大名の領地とそれを支配する組織を「藩」というよ。

基本練習

答えは別冊7ページ

1 [　　] にあてはまる語句を書きましょう。

(1) 関ヶ原の戦いに勝利した [　　　　] は，朝廷（ちょうてい）から征夷大将軍に任命され，江戸に幕府を開きました。

(2) 江戸時代の，将軍を中心とする幕府と大名が治める藩が全国の土地と民衆を支配するしくみを，[　　　　] といいます。

(3) 大名に，１年おきに領地と江戸とを往復させた制度を，[　　　　] といい，３代将軍の [　　　　] のときに制度化されました。

2 (　　) のうち，正しいほうを選びましょう。

(1) 江戸幕府は，(御成敗式目（ごせいばいしきもく）・武家諸法度（ぶけしょはっと）) というきまりを定めて，(大名・朝廷) を厳しく統制しました。

(2) 古くからの徳川家の家臣である大名を (譜代大名・外様大名) といい，関ヶ原の戦いのころから徳川家に従った大名を (譜代大名・外様大名) といいます。

(3) (譜代大名・外様大名) は，江戸から遠いところに配置されました。

(4) 大名の領地とそれを支配する組織を (国・藩) といいます。

ミス注意 **1** (3) 参勤交代を定めた江戸幕府の３代将軍は，初代将軍「家康」の孫（まご）の「家光」。どちらも「家」の字がつくので注意。

23 江戸幕府の外交 鎖国をしたわけは？

江戸幕府は，キリスト教の教えが支配の妨げになると考え，キリスト教を禁止しました。さらに幕府は貿易と外交を統制し，これにより**鎖国**の体制が固まりました。

●鎖国への歩み

1639年，幕府はポルトガル船の来航を禁じ，1641年にはオランダ商館を長崎の**出島**に移しました。こうして，キリスト教を広めない**オランダ**と**中国**だけが，長崎で貿易を許されることになりました。

【鎖国下で開かれた窓口】

四つの窓口	相手国（地域・民族）
長崎	オランダ・中国
薩摩藩（鹿児島県）	琉球王国（沖縄県）
対馬藩（長崎県）	朝鮮
松前藩（北海道）	アイヌ民族

基本練習

答えは別冊7ページ

5章 近世日本の政治と文化①

1 □にあてはまる語句を書きましょう。

(1) 江戸時代の初め，渡航（とこう）を許可する朱印状を発行された大名や豪商の船が，東南アジア各地に出かけて行った貿易を［　　　］貿易といいます。

(2) 1637年，九州で厳しい禁教と重税に苦しむ人々が一揆を起こしました。これを，［　　　］一揆といいます。

(3) 江戸幕府による，禁教・貿易統制・外交独占（どくせん）を政策とする体制を［　　　］といいます。

2 (　　) のうち，正しいほうを選びましょう。

(1) 1639年，幕府は（ ポルトガル・オランダ ）船の来航を禁止しました。その後，キリスト教の布教を行わない（ ポルトガル・オランダ ）と中国だけが，（ 長崎・神戸 ）で貿易を許されることになりました。

(2) 幕府は，かくれているキリスト教の信者を発見するため，（ 刀狩（かたながり）・絵踏（えふみ） ）を行いました。

(3) 対馬藩は（ 琉球・朝鮮 ）との貿易を独占することを，幕府から認められ，この地域からは将軍の代がわりなどに，使節が日本に派遣（はけん）されました。

ポイント

1 (2) この一揆は，九州地方の島原（長崎県）や天草（熊本県）の人々が起こした。

2 (2) キリストやマリアの像（踏絵（ふみえ））を踏ませて，信者かどうかを判断した。

24 江戸時代，どんな都市が栄えた？

産業の発達と都市の繁栄

江戸時代になり，幕府や藩は大規模な**新田開発**を進めました。また，**江戸・大阪・京都（三都）**が発展し，江戸を起点とする**五街道**が整備され，海運も発達しました。

●農業の発展

●都市の繁栄と交通の発達

基本練習

➡ 答えは別冊7ページ

1 (　　　) のうち，正しいほうを選びましょう。

(1) 江戸時代には，脱穀用の（　備中ぐわ・千歯こき　）など新しい農具が開発され，作業がしやすくなって，農業の生産力が向上しました。

(2) 江戸時代，都市の商人たちが同業者ごとにつくった組合を（　座・株仲間　）といいます。

2 ［　　　　］にあてはまる語句を書きましょう。

(1) 生産力が高まって余裕(よゆう)ができると，農村では米以外にも綿花や菜種などの［　　　　］が栽培されるようになりました。

(2) 幕府は，全国支配のため，太平洋(たいへいよう)岸を通って江戸と京都を結ぶ［　　　　］をはじめとする五街道を整備しました。

(3) 「将軍のおひざもと」である江戸のほか，大阪と京都は，17世紀後半にはめざましく発展し，合わせて［　　　　］と呼ばれました。

(4) 大阪は，全国の商業の中心地で「［　　　　］」と呼ばれ，諸藩が年貢米(ねんぐまい)や特産物を売りさばくため，［　　　　］を置きました。

ポイント
1 (1) 備中ぐわと千歯こきは，イラストでも区別できるようにしておこう。
2 (1) 綿花や菜種など売ることを目的につくられた農作物は商品作物と呼ばれた。

25 元禄文化はどんな文化？

元禄文化

17世紀末から18世紀初めにかけて，京都や大阪を中心とする上方で，経済力をつけた町人を担い手とする文化が栄えました。これを，当時の元号から**元禄文化**といいます。

●元禄文化の文芸

井原西鶴
浮世草子と呼ばれる小説で町人の生活や考えを描いた。

近松門左衛門
人形浄瑠璃や歌舞伎の脚本で男女の悲劇などを描いた。

松尾芭蕉
各地を旅して句を詠み，**俳諧**（俳句）を芸術に高めた。

●元禄文化の絵画

（根津美術館）

↑ **尾形光琳の装飾画**
（「燕子花図屏風」）

菱川師宣の浮世絵→
（「見返り美人図」）

（ColBase（https://colbase.nich.go.jp））

尾形光琳は新しい装飾画を描き，
菱川師宣は，町人の暮らしを描いて浮世絵の祖といわれた。

基本練習

答えは別冊8ページ

1 [　　] にあてはまる語句を書きましょう。

(1) 17世紀末から18世紀初めにかけて，京都や [　　] を中心とする上方で町人を担い手とする文化が栄えました。

(2) 文芸では，[　　] が人形浄瑠璃や歌舞伎の脚本に優れた作品を残しました。

(3) [　　] は各地を旅しながら句を詠み，俳諧（俳句）をりっぱな芸術に高めました。

(4) [　　] は，浮世草子と呼ばれる小説で，町人の生活や考えを描きました。

2 （　　）のうち，正しいほうを選びましょう。

(1) 17世紀末ごろから18世紀初めにかけて，上方で栄えた町人文化を（ 化政(かせい)文化・元禄(げんろく)文化 ）といいます。

(2) 右の写真は，（ 尾形光琳・菱川師宣 ）の描いた絵で，このような絵を（ 装飾画・浮世絵 ）といいます。

（ColBase（https://colbase.nich.go.jp））

ポイント　元禄文化の文芸では，浮世草子の井原西鶴，人形浄瑠璃の脚本の近松門左衛門，俳諧の松尾芭蕉の3人を押(お)さえておこう。

復習テスト5

➡答えは別冊16ページ

得点 ／100点

5章 近世日本の政治と文化①

1 次の文を読んで，あとの問いに答えましょう。

【(3)は10点，他は各5点　計40点】

> 1600年，関ヶ原の戦いに勝利した［ A ］は，3年後にB江戸に幕府を開いた。全国にはC大名が配置され，幕府は，［ D ］という法律を定めて大名を厳しく統制した。江戸幕府が全国を支配した時代をE江戸時代という。

(1)　Aにあてはまる人物を答えましょう。

［　　　　］

(2)　下線部Bについて，このときAの人物が朝廷から任命された役職を何といいますか。漢字5字で答えましょう。

［　　　　］

(3)　下線部Cについて，大名は，親藩・譜代大名・外様大名に区別されました。このうち，外様大名はどのように配置されましたか。江戸からの距離に触れて答えましょう。

［　　　　］

(4)　Dについて，次の問いに答えましょう。

①　Dの法律を何といいますか。

［　　　　］

②　右の［資料1］は，Dの法律の一部です。下線部の制度を何といいますか。

［　　　　］

［資料1］

> 一、大名は，毎年四月中に江戸に参勤すること。
> 一、新しい城をつくってはいけない。
> 一、大名はかってに結婚してはならない。

(5)　下線部Eについて，次の問いに答えましょう。

①　江戸時代に大きく発展した都市のうち，「天下の台所」といわれた都市を，次のア～エから1つ選び，記号で答えましょう。

ア　江戸　　イ　京都　　ウ　大阪　　エ　神戸　　［　　］

②　［資料2］は，江戸時代に開発された農具です。これを何といいますか。次のア～エから1つ選び，記号で答えましょう。

ア　備中ぐわ　　イ　からさお

ウ　唐箕　　エ　千歯こき　　［　　］

［資料2］

2 右の年表を見て，次の問いに答えましょう。

【各5点　計35点】

年代	できごと
1609	【 X 】が琉球王国を支配下に置く
	↕ ア
1613	全国にキリスト教禁止令を出す
1635	日本人の海外渡航と帰国を禁止……A
	↕ イ
1639	[B] 船の来航を禁止
	↕ ウ
1641	[C] 商館を長崎の【 Y 】に移す

(1) Aについて，このとき，東南アジアへの渡航を許可する証書を発行された大名や豪商らが行っていた貿易も停止されました。この貿易を何といいますか。

〔　　　　〕

(2) B・Cにあてはまる国を，次のア～エからそれぞれ1つずつ選び，記号で答えましょう。

ア　イギリス　　イ　オランダ　　ウ　スペイン　　エ　ポルトガル

B〔　　　〕C〔　　　〕

(3) 九州地方で，領主によるキリスト教信者への迫害や厳しい年貢の取り立てに苦しんだ人々が，天草四郎を大将に［　　］を起こしました。［　　］にあてはまる一揆を答えましょう。また，この一揆が起こった時期を，年表中のア～ウから1つ選び，記号で答えましょう。

一揆〔　　　〕時期〔　　　〕

(4) Xにあてはまる，鎖国の体制のもとで琉球王国とつながる窓口となった藩を，次のア～ウから1つ選び，記号で答えましょう。また，Yにあてはまる長崎港内につくられた人工の島を答えましょう。

ア　薩摩藩　　イ　対馬藩　　ウ　松前藩

X〔　　　〕Y〔　　　〕

3 次の①～④の人物について，あとの問いに答えましょう。

【各5点　計25点】

①　菱川師宣　　②　松尾芭蕉　　③　井原西鶴　　④　近松門左衛門

(1) ①～④の人物が活躍したころに栄えていた文化を答えましょう。

〔　　　〕

(2) ①～④の人物と関係の深いものを，次のア～オからそれぞれ1つずつ選び，記号で答えましょう。

ア　浮世草子　　イ　浮世絵　　ウ　装飾画

エ　人形浄瑠璃の脚本　　オ　俳諧(俳句)

①〔　　〕②〔　　〕③〔　　〕④〔　　〕

26 享保の改革と社会の変化
徳川吉宗が行った改革は？

1716年に８代将軍となった**徳川吉宗**は，幕府の財政と政治を立て直すための改革を行いました。この改革を**享保の改革**といいます。

●享保の改革

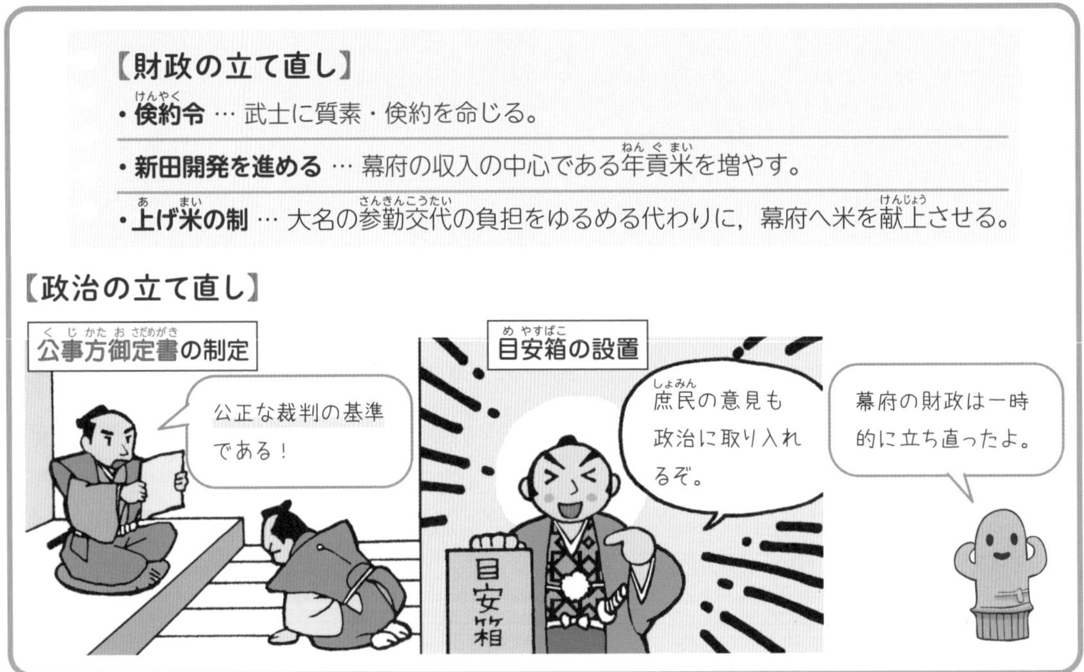

同じころ，貨幣の使用が広まり，自給自足に近かった農村のしくみが変化し，生活に苦しむ人々による抵抗も起こるようになりました。

●農村の変化

基本練習

➔ 答えは別冊8ページ

1 次の各問いに答えましょう。

(1) 18世紀前半，８代将軍徳川吉宗が行った政治改革を何といいますか。

〔　　　　　　〕

(2) 徳川吉宗は，公正な裁判を行うため，裁判の基準となる法律をつくりました。この法律を何といいますか。 〔　　　　　　〕

(3) 18世紀には，都市の貧(まず)しい人々が，米を買い占(し)めた商人を襲(おそ)うようになりました。これを何といいますか。 〔　　　　　　〕

2 [　　　] にあてはまる語句を書きましょう。

(1) 徳川吉宗は，幕府の収入の中心である年貢米を増やすため，[　　　] を進めました。

(2) 徳川吉宗は，大名に対し，参勤交代で江戸に住む期間を半年に短縮する代わりに，大名に米を納めさせました。これを [　　　] の制といいます。

(3) 徳川吉宗は，庶民の意見を聞くため [　　　] を設置しました。

(4) このころ農村では，土地を手放して [　　　] になる者が増えるいっぽう，土地を買い集めて [　　　] となる者が現れました。

1 (1) 享保の改革が始まった年代は次のように覚えよう。「美男ヒーロー徳川吉宗」(1 7 1 6)

27 松平定信が行った改革は？

18世紀後半，老中の**田沼意次**は，年貢に頼らず，商工業の発展に注目した商業政策で，幕府の財政を立て直そうとしました。次に老中になった**松平定信**は，農村の立て直しと政治の引きしめを目指し，**寛政の改革**を行いました。

田沼意次の政治

結果　わいろが横行して批判が高まり，また，天明のききんや浅間山の噴火で**百姓一揆**や**打ちこわし**が急増し，意次は老中を辞めさせられた。

寛政の改革

結果　政治批判の禁止や出版の統制などの厳しい取り締まりが人々の反感を買い，十分な成果を出せないまま，定信は老中を辞職した。

基本練習

答えは別冊8ページ

1 [　　　] にあてはまる語句を書きましょう。

(1) 18世紀後半，田沼意次や松平定信は，[　　　] という役職について政治を行いました。

(2) 田沼意次は，幕府の収入を増やすため，商人に [　　　] をつくることをすすめて，特権を認める代わりに営業税を納めさせました。

(3) 松平定信が行った政治改革を [　　　] といいます。

(4) 松平定信は，旗本や御家人の生活難を救うため，商人からの [　　　] を帳消しにしました。

(5) 松平定信は，人材育成のため，武士に，幕府の学問所で [　　　] を学ばせました。

2 (　　　) のうち，正しいほうを選びましょう。

(1) 田沼意次は，(　長崎・琉球(りゅうきゅう)　) 貿易を活発化するため，銅や俵物の輸出を促(うなが)しました。

(2) 松平定信は，凶作(きょうさく)やききんに備えて，村に (　米・貨幣　) を蓄えさせました。

ポイント **1** (1) 18世紀後半に幕府財政の立て直しを行った老中として，田沼意次と松平定信を押(お)さえる。松平定信は，祖父である徳川吉宗(とくがわよしむね)の政治（享保(きょうほう)の改革）を理想とした。

28 天保の改革 水野忠邦が行った改革は？

19世紀になると，外国船の接近があいつぎ，ききんも起こるなど，幕府は厳しい状況に置かれました。そのような中，老中の**水野忠邦**は，**天保の改革**を始めました。

●このころの社会の動き

●天保の改革（1841年～）

結果　大名や商人などからの反発を受け，忠邦は２年余りで老中を辞めさせられ，幕府の権力の衰えが表面化しました。

基本練習

答えは別冊8ページ

1 ［　　］にあてはまる語句を書きましょう

(1) 19世紀になると，日本沿岸への外国船の接近があいつぎ，幕府は1825年に［　　　　］を出して，外国船の撃退を命じました。

(2) 1837年に大阪で起きた［　　　　］の乱は，元役人による反乱だったため，幕府は大きな衝撃を受けました。

(3) 1841年から老中の水野忠邦が，幕府の権力を回復させるために始めた改革を［　　　　］といいます。

2 水野忠邦の改革について，（　　）のうち，正しいほうを選びましょう。

(1) 物価上昇(じょうしょう)の原因が，株仲間による営業の独占(どくせん)にあると考え，その（　結成・解散　）を命じました。

(2) 江戸に出かせぎに来ていた（　商人・農民　）を，強制的に故郷の村に帰らせました。

(3) 江戸や大阪の周辺を（　幕府・朝廷(ちょうてい)　）の直轄地にしようとしましたが，大名や旗本の強い反対で取り消しました。

ポイント　**2 (1) 株仲間は江戸時代の商人が同業者ごとにつくった組合。老中で，その結成をすすめたのは田沼意次，解散を命じたのは水野忠邦。**

化政文化

29 化政文化ってどんな文化？

19世紀前半，文化の中心は上方から**江戸**に移り，庶民を担い手とする文化が栄えました。これを当時の元号から**化政文化**といいます。このころは学問も発達しました。

●化政文化の文芸と絵画

【文芸】

作家・俳人	作品など
十返舎一九	『東海道中膝栗毛』
曲亭（滝沢）馬琴	『南総里見八犬伝』
与謝蕪村，小林一茶	俳諧（俳句）

幕府を批判したり，世相を皮肉ったりする川柳や狂歌も流行したよ。

【絵画（浮世絵）】

喜多川歌麿－美人画

↑「ポッピンを吹く女」

（東京国立博物館）

葛飾北斎－風景画

↑「富嶽三十六景」より

（ColBase（https://colbase.nich.go.jp））

歌川（安藤）広重－風景画

↑「東海道五十三次」より

（個人蔵）

●学問の発達

本居宣長－国学

『古事記伝』を著し，日本人のものの考え方を明らかにしようとする国学を大成した。

杉田玄白－蘭学

前野良沢らとオランダ語の人体解剖書を翻訳し，『解体新書』として出版し，蘭学の基礎を築いた。

伊能忠敬

ヨーロッパの技術を学んで全国の海岸線を測量し，正確な日本地図をつくった。

基本練習

答えは別冊9ページ

1 化政文化について，（　　）のうち，正しいほうを選びましょう。

(1) 19世紀初めの文化・文政年間に，（ 上方・江戸 ）で，庶民を担い手とする化政文化が栄えました。

(2) （ 井原西鶴・十返舎一九 ）は，『東海道中膝栗毛』という小説を書きました。

(3) 浮世絵では，（ 喜多川歌麿・葛飾北斎 ）が美人画，（ 尾形光琳・歌川（安藤）広重 ）が風景画に優れた作品を描きました。

2 [　　　] にあてはまる語句を書きましょう。

(1) 化政文化のころは，幕府を批判したり，世相を皮肉ったりする [　　　] や狂歌が流行しました。

(2) 18世紀後半，杉田玄白らは，オランダ語の人体解剖書を翻訳し，『[　　　]』として出版しました。

(3) 18世紀後半，本居宣長は [　　　] を大成しました。

(4) 19世紀初めには，ヨーロッパの技術を学んだ [　　　] が，幕府の支援を受けて全国の海岸線を測量し，正確な日本地図をつくりました。

ポイント **1** (1) 江戸時代の文化は，元禄文化→化政文化の順。その中心地が，上方（京都や大阪）から江戸へ移ったことも押さえておこう。

復習テスト 6

➜答えは別冊16ページ

得点　　　／100点

6章 近世日本の政治と文化②

1 右の年表を見て，次の問いに答えましょう。

【各5点　計60点】

年代	できごと
1716	徳川吉宗が8代将軍になる ………A
	↕ ア
1772	田沼意次が老中になる ……………B
	↕ イ
1787	寛政の改革が始まる ………………C
	↕ ウ
1841	天保の改革が始まる ………………D

(1) Aについて，次の問いに答えましょう。

① 徳川吉宗が行った，幕府政治の改革を何といいますか。

[　　　　　　]

② **[資料]** は，徳川吉宗が定めた，裁判の基準となる法律の一部です。この法律を何といいますか。

[　　　　　　]

[資料]

> 一　人を殺しぬすんだ者　　引き回しの上獄門
> 一　追いはぎをした者　　獄門

③ このころ，幕府や大名が年貢を増やしたことに対抗し，農民が集団で起こした抵抗を何といいますか。次のア～エから1つ選び，記号で答えましょう。

ア　打ちこわし　　イ　土一揆　　ウ　一向一揆　　エ　百姓一揆

[　　　]

(2) C・Dの改革を行った老中を，次のア～エからそれぞれ1人選び，記号で答えましょう。

ア　新井白石　　イ　松平定信　　ウ　水野忠邦　　エ　徳川綱吉

C [　　　]　D [　　　]

(3) A・Bの人物の政治と，C・Dの改革にあてはまるものを，次のア～オからそれぞれ1つずつ選び，記号で答えましょう。

ア　幕府の学校で朱子学を学ばせて，有能な人材を取り立てようとした。
イ　物価上昇の原因が，株仲間による営業の独占と考えて解散を命じた。
ウ　商人に株仲間をつくることをすすめ，特権を与える代わりに営業税を納めさせた。
エ　貨幣の質を落として量を増やし，幕府の財政を改善しようとした。
オ　大名に対して，参勤交代の負担を軽くする代わりに米を献上させた。

A [　　　]　B [　　　]　C [　　　]　D [　　　]

(4) Dの改革の背景の1つに，日本沿岸への外国船の接近があります。1825年に，幕府が日本に接近する外国船の撃退を命じた法令を何といいますか。

[　　　　　　]

(5) 次の①・②の時期を，年表中のア〜ウからそれぞれ１つ選び，記号で答えましょう。

① 大塩平八郎が大阪で乱を起こした。

② 浅間山の噴火などの影響で，天明のききんが全国に広がった。

①［　　　］　②［　　　］

2 江戸時代後半の文化や学問について，次の問いに答えましょう。 【各５点　計40点】

(1) 19 世紀前半に栄えた文化を何といいますか。

［　　　］

(2) (1)の文化が栄えた地域を，次のア〜エから１つ選び，記号で答えましょう。

ア 江戸　　イ 京都・大阪　　ウ 長崎　　エ 蝦夷地

［　　　］

(3) 右は，(1)の文化が栄えたころに描かれた浮世絵「富嶽三十六景」のうちの１つです。これを描いた人物を次のア〜エから選び，記号で答えましょう。

ア 喜多川歌麿　　イ 葛飾北斎

ウ 歌川（安藤）広重　　エ 菱川師宣

［　　　］

(ColBase（https://colbase.nich.go.jp）)

(4) 次のⅠ〜Ⅲを読んで，あとの各問いに答えましょう。

Ⅰ オランダ語の解剖書を翻訳して『解体新書』として出版し，［　　］の基礎を築いた。

Ⅱ 仏教や儒学が伝わる前の日本人のものの考え方を明らかにしようとする［　　］を大成した。

Ⅲ ヨーロッパの技術を学んで全国を測量し，正確な日本地図を作成した。

① Ⅰ・Ⅱの［　　］にあてはまる学問を，次のア〜エからそれぞれ１つずつ選び，記号で答えましょう。

ア 国学　　イ 蘭学　　ウ 朱子学　　エ 陽明学

Ⅰ［　　　］　Ⅱ［　　　］

② Ⅰ〜Ⅲに関係の深い人物を，次のア〜エからそれぞれ１人選び，記号で答えましょう。

ア 本居宣長　　イ 伊能忠敬　　ウ 十返舎一九　　エ 杉田玄白

Ⅰ［　　　］　Ⅱ［　　　］　Ⅲ［　　　］

欧米諸国における近代化の進展

30 欧米で起こった革命とは？

17～18世紀のイギリスやアメリカ，フランスでは，それまで国王などに支配されていた市民たちが，自由や平等などの権利を求めて**市民革命**を起こしました。

それまでのヨーロッパ

イギリスやフランスでは，**国王が強い権力**をもっていた。

イギリスの革命

17世紀半ば **ピューリタン革命**

1688～89年 **名誉革命**

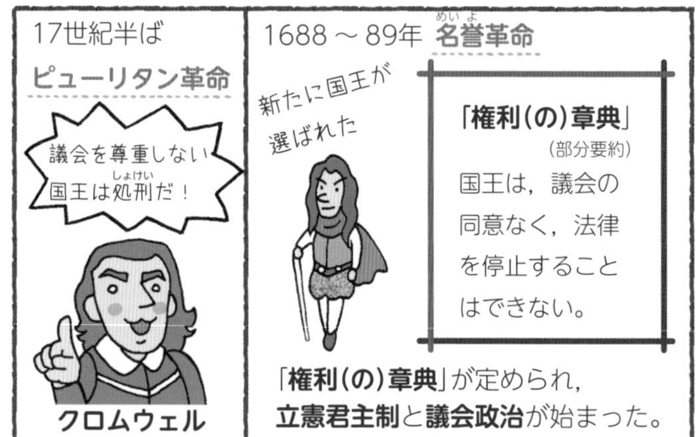

「権利（の）章典」が定められ，**立憲君主制**と**議会政治**が始まった。

アメリカの革命

1775年 **独立戦争**が始まる

1776年 **独立宣言**発表

勝利して合衆国憲法を制定。初代大統領はワシントン。

フランスの革命

1789年 **フランス革命**

1804年 **ナポレオン**が皇帝になる。

革命を支持する人々は**人権宣言**を発表した。

フランス革命の精神が各国に広まった。

主な啓蒙思想家	主張
ロック（イギリス）	国民には，国民の権利を守らない国家に抵抗する権利がある。
モンテスキュー（フランス）	国の権力を三つに分けて，国民の権利と自由を守る。
ルソー（フランス）	国民こそが主権者で，政治の最終決定権をもっている。

基本練習

答えは別冊9ページ

7章 近代化する日本

1 [ ] **にあてはまる語句を書きましょう。**

(1) 16世紀～18世紀のイギリスやフランスで，国王が絶対的な権力をもって行っていた政治を，[ ] といいます。

(2) 17世紀～18世紀のイギリスやアメリカ，フランスでは，それまで支配されていた市民が，自由や平等などの権利を求めて国王などの支配する側の人々をたおす [ ] が起こりました。

(3) 1688～89年の革命のとき，イギリスでは [ ] が定められ，世界初の立憲君主制と議会政治が始まりました。

(4) フランスで，革命後の不安定な政治が続く中，1804年に国民投票で皇帝になった [ ] は，ヨーロッパの大部分を支配しました。

2 （　　） **のうち，正しいほうを選びましょう。**

(1) 17世紀半ば，イギリスでは，クロムウェルを指導者とする（ ピューリタン革命・名誉革命 ）が起こりました。

(2) 1776年，イギリスからの独立を目指していたアメリカでは，（ 独立宣言・人権宣言 ）が発表され，1789年に始まったフランス革命では，（ 独立宣言・人権宣言 ）が発表されました。

ポイント **1**(3)，**2**(1) **イギリスの市民革命は「ピューリタン革命→名誉革命」の順。クロムウェルを指導者としたのはピューリタン革命。「権利（の）章典」を定めたのが名誉革命。**

31 産業革命って何？

18世紀後半，イギリスでは世界にさきがけて**産業革命**が起こりました。産業革命とは，工場で機械生産が始まるなど，技術の向上によって社会全体が変化することです。

●イギリスの産業革命とその影響

産業革命はほかの欧米諸国でも起こり，これらの国々は，原料の入手先と工業製品の市場を求め，アジアやアフリカを侵略していきました。イギリスはその先頭に立っていました。

●中国・インドでのイギリスの動き

産業革命による技術の改良などで，イギリスは中国やインドのような大国を武力で従わせることができるようになったよ。

基本練習

答えは別冊9ページ

7章 近代化する日本

1 [ ] にあてはまる語句を書きましょう。

(1) 18世紀後半，イギリスでは [ ] で動く機械が使われ始め，工場での大量生産が可能になりました。

(2) 19世紀になると，イギリスや，イギリスに続いて工業が発達した欧米諸国は，原料の入手先と工業製品の市場を求めて，[ ] やアフリカを侵略していきました。

2 次の問いに答えましょう。

(1) 世界にさきがけてイギリスで起こった，工場での機械生産が始まるなどの技術の向上によって社会全体が変化することを何といいますか。

〔　　　　〕

(2) (1)によって広がった，資本家が労働者を雇い，利益の拡大を目的として生産するしくみを何といいますか。

〔　　　　〕

(3) 1840年，アヘンの密輸に抗議(こうぎ)した清に対してイギリスが起こした戦争を何といいますか。

〔　　　　〕

ポイント 2 (3) 語呂(ごろ)合わせで年代を覚えよう。輸出の違反(1840)しれたらアヘン戦争（1840年，アヘン戦争が起こる)。なお，清の敗北を知った江戸幕府(えどばくふ)は，異国船打払令(うちはらいれい)をやめた。

32 ペリーが来航してどうなった？

日本の開国

1853年，アメリカ使節**ペリー**が浦賀（神奈川県）に来航し，日本の開国を要求しました。幕府は翌年，**日米和親条約**を結び，長く続いた鎖国体制が崩れ，日本は**開国**しました。さらに1858年には，**日米修好通商条約**を結び，貿易が始まりました。

●ペリーの来航と日米和親条約

【日米和親条約の主な内容】

- **下田**（静岡県）と**函館**（北海道）の2港を開く。
- アメリカ船に食料や水，石炭を供給する。

●日米修好通商条約

アメリカの強い要求で結んだ，日本にとって不平等な内容の条約でした。

【日本にとって不平等な内容】

- 日本はアメリカの**領事裁判権**を認める。
  ⇨日本で罪を犯した外国人を日本の法律で裁けない。
- 日本に**関税自主権**がない。
  ⇨日本は輸出入品の関税率を自由に決められない。

日米修好通商条約は，大老の**井伊直弼**が朝廷の許可を得ないまま結んだんだ。

●開国後の動き

金の流出を防ぐため，質を落とした小判を発行するなどしたので，物価が急上昇し，米など生活必需品もつられて値上がりして，人々の生活は苦しくなりました。

基本練習

答えは別冊9ページ

1 次の問いに答えましょう。

⑴ 1853年，浦賀（うらが）に来航し，日本に開国を求めたアメリカの使節は誰（だれ）ですか。

〔　　　　　　　　〕

⑵ 1854年，日本とアメリカとの間で結ばれた条約を何といいますか。

〔　　　　　　　　〕

⑶ 1858年，朝廷の許しを得ないまま日米修好通商条約を結んだ大老は誰ですか。

〔　　　　　　　　〕

2 次の問いに答えましょう。また，□にあてはまる語句を答えましょう。

⑴ 1854年に幕府がアメリカと結んだ条約で開かれた２港を次の**ア**～**オ**から選び，記号で答えましょう。

ア 長崎　**イ** 神奈川　**ウ** 下田　**エ** 函館　**オ** 兵庫

〔　　・　　〕

⑵ 日米修好通商条約は，日本に滞在（たいざい）するアメリカ人の犯罪をアメリカの法律で裁判する権利の［①］権をアメリカに認め，輸出入品の関税率を決める権利である［②］権が日本にない不平等な条約でした。

①〔　　　　〕②〔　　　　〕

ポイント **2** ⑴ 日米和親条約で開かれた港は２つで，下田と函館。日米修好通商条約で開かれた港は５つで，函館，神奈川（横浜），長崎，新潟，兵庫（神戸（こうべ））。下田は閉鎖された。

33 江戸幕府の滅亡 大政奉還が行われたわけは？

開国による混乱が続く中，天皇を敬い外国勢力を追い払おうとする尊王攘夷運動が激しくなりました。やがて，幕府をたおそうとする動きが高まり，1867年，15代将軍**徳川慶喜**は政権を朝廷に返し（**大政奉還**），江戸幕府は滅亡しました。

●倒幕の動き

●江戸幕府の滅亡と王政復古

戊辰戦争は，1869年に新政府軍の勝利で終わったよ。

基本練習

答えは別冊10ページ

1 [　　] にあてはまる語句を書きましょう。

(1) 開国後，天皇を敬い外国勢力を追い払おうとする [　　　　] 運動が激しくなりました。

(2) 1866年，木戸孝允らが実権を握った [　　　] 藩と，西郷隆盛らが実権を握った [　　　] 藩が，同盟を結び，倒幕へと動き出しました。

(3) 1867年，江戸幕府の15代将軍 [　　　　] は政権を朝廷に返し，260年余り続いた幕府は滅(ほろ)びました。

(4) 1868年に始まった，旧幕府軍と新政府軍との戦いを [　　　　] といいます。

2 (　　) のうち，正しいほうを選びましょう。

(1) 1867年，江戸幕府の15代将軍が政権を朝廷に返す（ 大政奉還・王政復古の大号令 ）を行うと，朝廷では岩倉具視らが中心となって，天皇を中心とする政府の樹立を宣言する（ 大政奉還・王政復古の大号令 ）を出しました。

(2) 1868年に始まった，旧幕府軍と新政府軍との戦いは，翌年，（ 新政府軍・旧幕府軍 ）の勝利で終わりました。

ポイント **2** (1) 江戸幕府滅亡前後の動きは，大政奉還→王政復古の大号令の順。大政奉還の年代（1867年）は，「徳川の一派(1867)むなしく大政奉還」と覚えよう。

34 明治維新で変わったことは？

明治維新

新政府は**五箇条の御誓文**を出して，新しい政治の方針を示しました。その後，**廃藩置県**によって新政府が強い権限をもつ中央集権の基礎を築きました。

五箇条の御誓文，そして藩から県へ

江戸時代の幕藩体制の国から近代国家へと移る際の，政治や社会の変化を明治維新というよ。

新政府は，欧米諸国に対抗するため，国を豊かにし，国力をつけて軍隊を強くすることを目指しました。そのための政策を**富国強兵**といいます。また，欧米の文化が取り入れられて，都市を中心に伝統的な生活が変化し始めました。これを**文明開化**といいます。

富国強兵のための三大改革

改革	内容	目的
学制（1872年）	満６歳になった男女を小学校に通わせることを国民の義務とした。	政府の改革を担う人材を養成するため。
徴兵令（1873年）	満20歳になった男子に兵役の義務を負わせた。	近代的な軍隊をつくるため。
地租改正（1873年～）	土地の所有者に地価の３％の地租を現金で納めさせた。 江戸時代は 主に米で年貢を納めた 本百姓 → 地租改正後は 地価の3％を現金で納めた 土地所有者	財政を安定させるための改革だって。

ガス灯やれんがづくりの建物があるね。人力車や馬車も走っているね。

▶明治時代初めの東京・銀座の様子

（個人蔵〈築比地家〉）

基本練習

答えは別冊10ページ

1 [　　　] **にあてはまる語句を書きましょう。**

(1) 1868年，新政府は，天皇が神に誓うという形で新しい政府の方針を示しました。これを，[　　　　　　] といいます。

(2) 明治新政府は，欧米諸国に対抗するため，経済を発展させ，強い軍隊をもつことを目指しました。このための政策を [　　　　] といいます。

(3) 1872年，すべての国民に小学校教育を受けさせるため [　　　] 制を発布（公布）しました。

(4) 1873年，近代的軍隊をつくるために [　　　] 令が出され，満20歳になった男子が兵役の義務を負うことになりました。

(5) 欧米の文化がさかんに取り入れられたことで，都市を中心に見られた伝統的な生活の変化を [　　　　] といいます。

2 （　　　） **のうち，正しいほうを選びましょう。**

(1) 1871年，藩を廃止して県を置く（ 版籍奉還・廃藩置県 ）が行われ，政府が強い権限をもち，地方を直接治める中央集権の基礎が築かれました。

(2) （ 財政収入・農民の生活 ）の安定を目指した地租改正では，（ 耕作者・土地所有者 ）が，（ 収穫高・地価 ）の３％を（ 現金・収穫物 ）で納めることになりました。

ポイント **2** (2) 地租改正の内容を押さえておこう。「地価の3％を土地の所有者が現金で納める。」がポイント。地価は土地の価格のこと。

35 日本の領土はどのように決まったの？

1871年，不平等条約の改正を目指す明治新政府は，**岩倉使節団**を欧米に派遣しました。さらに，新政府は，欧米の近代的な国際関係にならって，それまであいまいだった**国境を定める**ことに努めました。

●岩倉使節団と帰国後の動き

●新しい外交と国境の画定

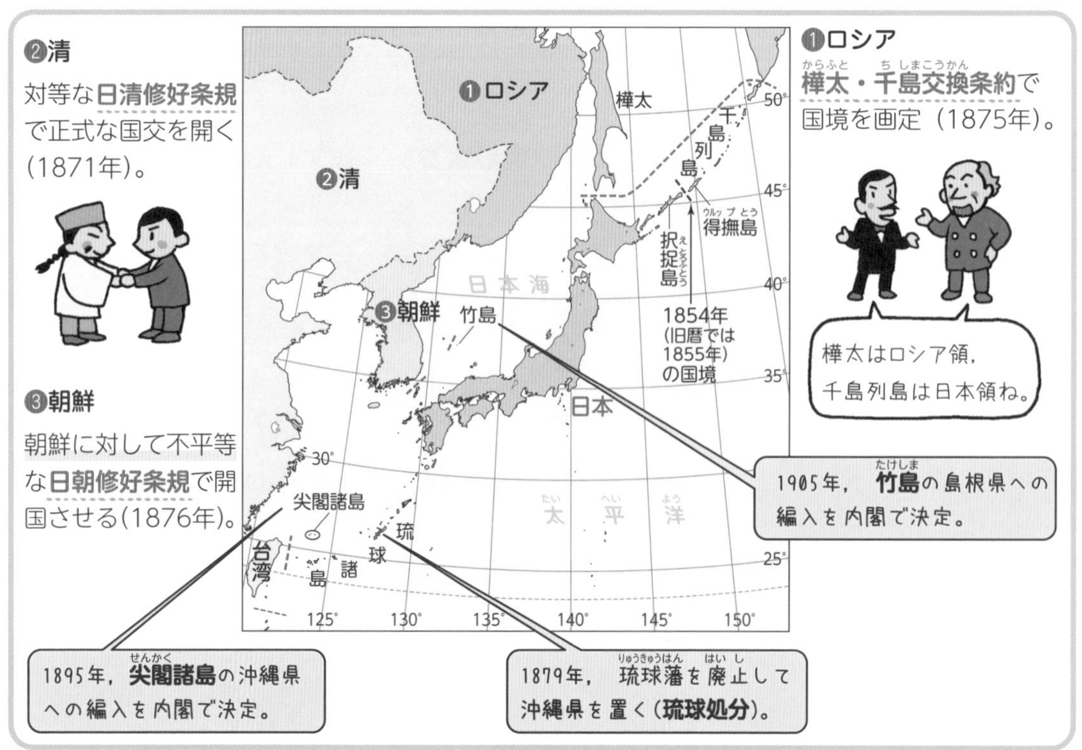

基本練習

答えは別冊10ページ

1 次の問いに答えましょう。

(1) 幕末に欧米諸国と結んだ不平等条約の改正を目指し，新政府が1871年に欧米に派遣した使節団を何といいますか。〔　　　　〕

(2) (1)の使節団が帰国したとき，政府内で，西郷隆盛や板垣退助らが唱えていた，武力を用いてでも朝鮮に開国をせまる主張を何といいますか。〔　　　　〕

(3) 1871年に，日本が清と結んだ対等な内容の条約を何といいますか。〔　　　　〕

(4) 1876年に，日本が朝鮮と結び，朝鮮を力で開国させた条約を何といいますか。〔　　　　〕

2 （　　）のうち，正しいほうを選びましょう。

(1) 1875年，日本はロシアと樺太・千島交換条約を結び，（ 樺太・千島列島 ）をロシア領，（ 樺太・千島列島 ）を日本領として，国境を画定しました。

(2) 1895年，内閣は尖閣諸島の（ 島根県・沖縄県 ）への編入を，1905年には，竹島の（ 島根県・沖縄県 ）への編入を決定しました。

ミス注意 2 (1) 樺太・千島交換条約で定められた，ロシア領と日本領を押(お)さえよう。樺太がロシア領で，北海道の東に連なる得撫島(ウルップとう)から北の18の島々が日本領とされた。

36 自由民権運動の中心人物は？

自由民権運動

板垣退助らが，大久保利通らの政治を専制政治であると批判し，**民撰議院設立の建白書**を提出したことをきっかけに**自由民権運動**が始まりました。同じころ，新政府の改革で帯刀や俸禄（給与）などの特権を奪われた士族は，各地で反乱を起こしました。

●自由民権運動の始まりと士族の反乱

▶ こののち西郷は鹿児島の不平士族らと，最大規模の士族の反乱（**西南戦争**）を起こした（1877年）。

政府が国会を開くことを約束すると，板垣らは**政党**を結成しました。いっぽう，政府は，憲法の作成に乗り出し，やがて，**大日本帝国憲法**が発布されました。

●政党の結成と憲法の制定

大日本帝国憲法では，主権は**天皇**にあると定められ，国民は天皇の「臣民」とされたよ。

基本練習

答えは別冊10ページ

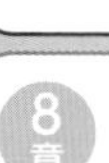

1 次の問いに答えましょう。

(1) 1874年に板垣退助らによって政府に提出された，専制政治を批判し，国会の開設を求める意見書を何といいますか。〔　　　　　　の建白書〕

(2) (1)の提出をきっかけに始まった，国民の意見を政治に反映させるため，国会の開設を要求する運動を何といいますか。〔　　　　　　〕

(3) 板垣退助とともに政府を去った西郷隆盛が，1877年に，鹿児島の不平士族とともに起こした，士族の反乱を何といいますか。〔　　　　　　〕

(4) 1889年に発布された憲法を何といいますか。〔　　　　　　〕

2 (　　　)のうち，正しいほうを選びましょう。

(1) 板垣退助は（　自由党・立憲改進党　），大隈重信は（　自由党・立憲改進党　）を結成しました。

(2) 1885年に内閣制度ができ，（　大久保利通・伊藤博文　）が初代内閣総理大臣に就任しました。

(3) 1889年に発布された憲法で，主権は（　天皇・国民　）にあると定められました。

ポイント 1 (3) 士族の反乱は自由民権運動と重なりながら展開された。板垣らによる民撰議院設立の建白書の提出の3年後，西郷を中心とする西南戦争が起こった。

37 日清戦争のきっかけは？

日清戦争

1894年，朝鮮で起こった反乱をきっかけに，朝鮮に勢力を広げようとしていた日本と清との間で**日清戦争**が始まりました。戦争は日本の勝利に終わりました。

●日清戦争の始まり

●日清戦争後の動き

1895年，下関(山口県)で講和条約である**下関条約**が結ばれました。

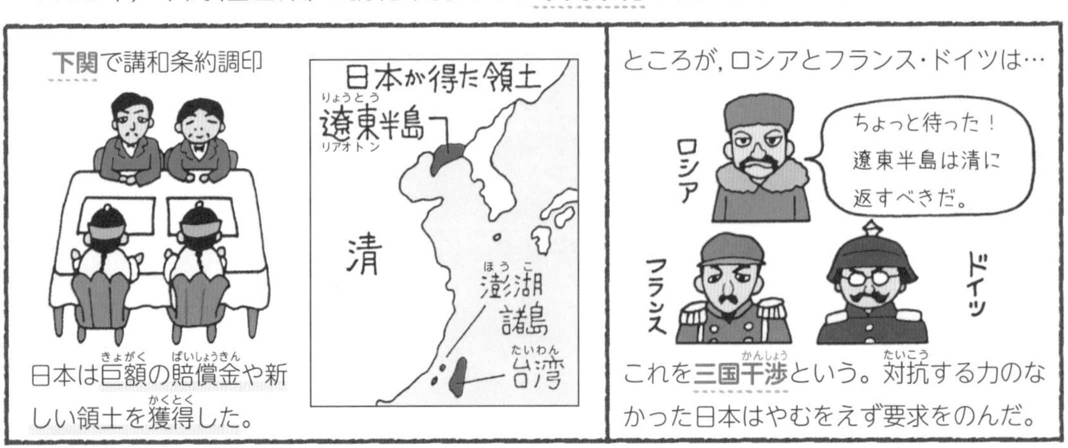

三国干渉のあと，日本国民の間でロシアへ対抗心が高まったよ。

基本練習

答えは別冊11ページ

1 **（　　　）のうち，正しいほうを選びましょう。**

(1) 日清戦争は, 1894年に（ 中国・朝鮮 ）で起こった甲午農民戦争をきっかけに始まりました。

(2) 勝利した日本は，清から（ 台湾・朝鮮 ）を獲得し，植民地として支配しました。

2 **［　　　］にあてはまる語句を書きましょう。**

(1) 日清戦争の講和条約を［　　　　］といいます。

(2) 日清戦争の講和条約で，清は，巨額の賠償金とともに，満州の入り口にあたる［　　　　］半島などを日本に譲り渡しました。

(3) 日清戦争の講和条約が結ばれた直後，［　　　　］は，ドイツやフランスとともに，日本が獲得した［　　　　］半島の清への返還を求めてきました。

(4) (3)のできごとを［　　　　］といいます。

ポイント **1** (1) 日清戦争は，朝鮮の支配権をめぐる日本と清（中国）の戦争。きっかけは朝鮮で起こった反乱で，戦場となったのも，ほとんどが朝鮮半島だった。

38 日露戦争が起こったわけは？

日露戦争

日清戦争後，日本とロシアは対立を深めました。1902年に日本はイギリスと同盟を結び（**日英同盟**），1904年にロシアとの戦争が始まりました（**日露戦争**）。

日本とロシア・イギリスの関係

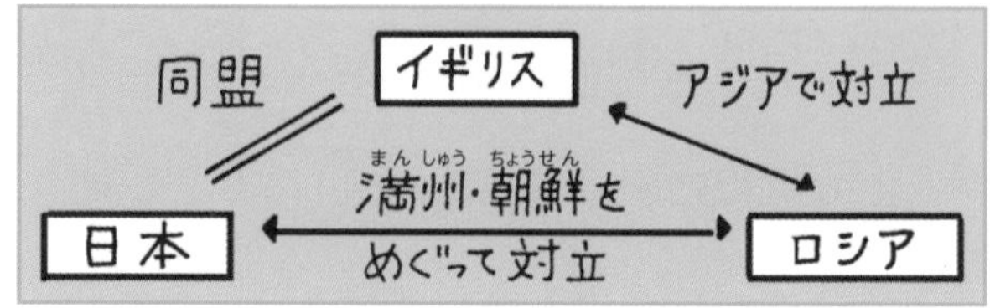

日露戦争の始まり

日露戦争後の動き

アメリカの仲介で日本とロシアの講和条約である**ポーツマス条約**が結ばれましたが，ロシアから賠償金は得られなかったので，国民の不満が高まり，暴動も起きました。

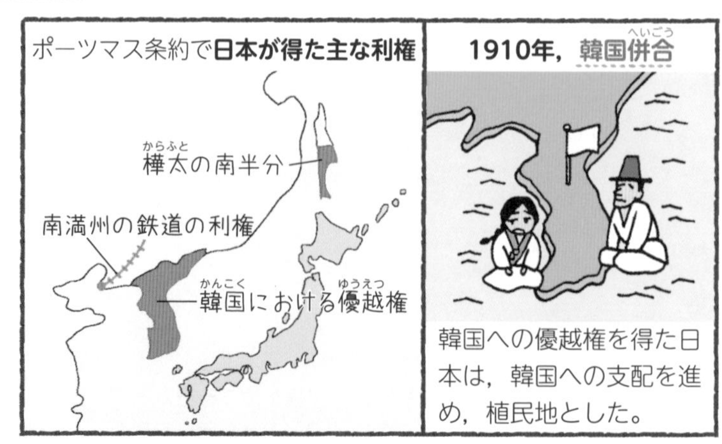

韓国への優越権を得た日本は，韓国への支配を進め，植民地とした。

基本練習

答えは別冊11ページ

1 （　　）のうち，正しいほうを選びましょう。

(1) 日清戦争後，日本とロシアは，（ 台湾・満州 ）や朝鮮をめぐって対立を深めました。

(2) 日露戦争の講和条約は，（ アメリカ・イギリス ）の仲立ちで結ばれました。

(3) 日露戦争の講和条約で日本は，（ 樺太・台湾 ）の南半分，南満州の鉄道の利権や，（ 清・韓国 ）における優越権を獲得しました。

2 ［　　］にあてはまる語句を書きましょう。

(1) 1902年に［　　］同盟が成立したのち，日本とロシアの対立がさらに深まり，1904年に日露戦争が始まりました。

(2) 日露戦争の講和条約を［　　］条約といいます。

(3) 日露戦争で増税などの負担に苦しんだ国民は，講和条約でロシアから［　　］が得られないことがわかると，激しく政府を攻撃しました。

(4) 1910年，日本は［　　］を併合し，日本の植民地としました。

ミス注意 **2 (2) 日清戦争の講和条約は下関条約。日露戦争の講和条約はポーツマス条約。下関とポーツマスは，どちらも条約が結ばれた場所の地名。**

復習テスト 

➔答えは別冊17ページ

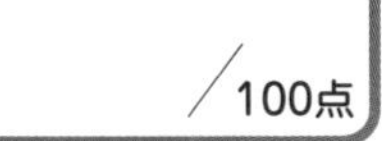

7章 近代化する日本

1 17～19世紀の欧米(おうべい)諸国の動きについて，次の問いに答えましょう。

【各5点　計45点】

(1) 次のA～Dは，17～18世紀に起こった市民革命と呼ばれるできごとです。これらについて，あとの問いに答えましょう。

A　名誉(めいよ)革命　　B　独立戦争　　C　ピューリタン革命　　D　フランス革命

① 右の［資料］はAで出された法律の一部です。この法律を何といいますか。

［資料］

> 第1条　議会の同意なしに，国王が法律を停止することはできない。

〔　　　　〕

② 次の文は，ある市民革命のその後を述べています。「ある市民革命」を，A～Dから1つ選び，記号で答えましょう。

> 軍人のナポレオンが革命の終結を宣言して皇帝(こうてい)となり，ヨーロッパの大部分を支配して，革命の精神をヨーロッパに広げた。

〔　　　　〕

③ A～Cが起こった国をそれぞれ答えましょう。

A〔　　　　〕　B〔　　　　〕　C〔　　　　〕

④ このころ啓蒙(けいもう)思想が生まれ，市民革命を後おししました。このうち，「国の権力を三つに分け，国民の自由と権利を守る」という主張をした思想家を答えましょう。

〔　　　　〕

(2) 18世紀後半に，世界に先がけて産業革命が起こった国を答えましょう。

〔　　　　〕

(3) (2)の国は，産業革命によって大量に生産されるようになった工業製品の市場や，安い原料の入手先を求めて，世界各地に進出するようになりました。(2)の国の世界各地での動きとして正しいものを，次のア～エから2つ選び，記号で答えましょう。

ア　インドを直接支配し，世界に広がる植民地支配の拠点(きょてん)とした。

イ　アメリカ大陸の先住民の国を武力で滅(ほろ)ぼし，広大な植民地を築いた。

ウ　アヘン戦争で勝利し，香港(ホンコン)やばく大な賠償金(ばいしょうきん)を手に入れた。

エ　シベリアから中国東北部まで進出し，日本と対立を深めた。

〔　　　　〕〔　　　　〕

2 右の年表を見て，次の問いに答えましょう。

【⑶，⑹②は各10点，他は各5点　計55点】

年代	できごと
1854	日本が開国する………………a
1868	新政府が［ b ］を定める
1873	c 地租改正が実施される
1874	自由民権運動が始まる………d
1877	西南戦争が起こる……………e
1885	内閣制度がつくられる………f
	↕ X
1905	ポーツマス条約が結ばれる…g

⑴　年表中のaについて，このとき日本がアメリカと結んだ条約を答えましょう。

［　　　　］

⑵　右下の［資料］は，年表中の［ b ］に当てはまる，新政府が定めた新しい政治の方針の一部です。bに当てはまる語句を答えましょう。

［　　　　］

［資料］

一　広ク会議ヲ興シ万機公論ニ決スベシ
一　上下心ヲ一ニシテ盛ニ経綸ヲ行ウベシ

⑶　年表中のcが実施された目的を簡潔に答えましょう。

［　　　　］

⑷　年表中のd～fのできごとに関係の深い人物を，次のア～エから１人ずつ選び，記号で答えましょう。

ア　伊藤博文　　イ　板垣退助
ウ　大久保利通　　エ　西郷隆盛

d［　　］　e［　　］　f［　　］

⑸　年表中のgについて，このあと，この条約に対する国民の不満が高まりました。国民は政府を激しく攻撃し，東京では暴動にまで発展しました。国民が不満を高めた理由を解答欄に合うように答えましょう。

［　　　　が得られなかったため。］

⑹　次のA～Eについて，あとの問いに答えましょう。

A　日清戦争　　B　日露戦争　　C　三国干渉
D　日英同盟　　E　韓国併合

①　右の地図中のア～エのうち，日本がAによって獲得した地域ではないものを１つ選び，記号で答えましょう。

［　　］

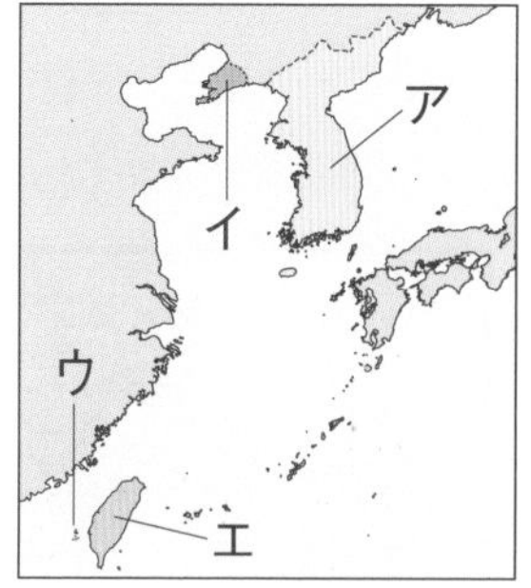

②　年表中のXの期間のできごとを，A～Eから４つ選び，年代の古い順に並べて記号で答えましょう。

［　　→　　→　　→　　］

39 第一次世界大戦はなぜ起こった？

第一次世界大戦

19世紀末，資本主義が発達した欧米諸国が世界中に進出しました。20世紀になると，ヨーロッパで，同盟関係を結んだ国々が，「**ヨーロッパの火薬庫**」と呼ばれた**バルカン半島**をめぐって対立を深め，1914年に**第一次世界大戦**が始まりました。

●ヨーロッパ諸国の対立と第一次世界大戦

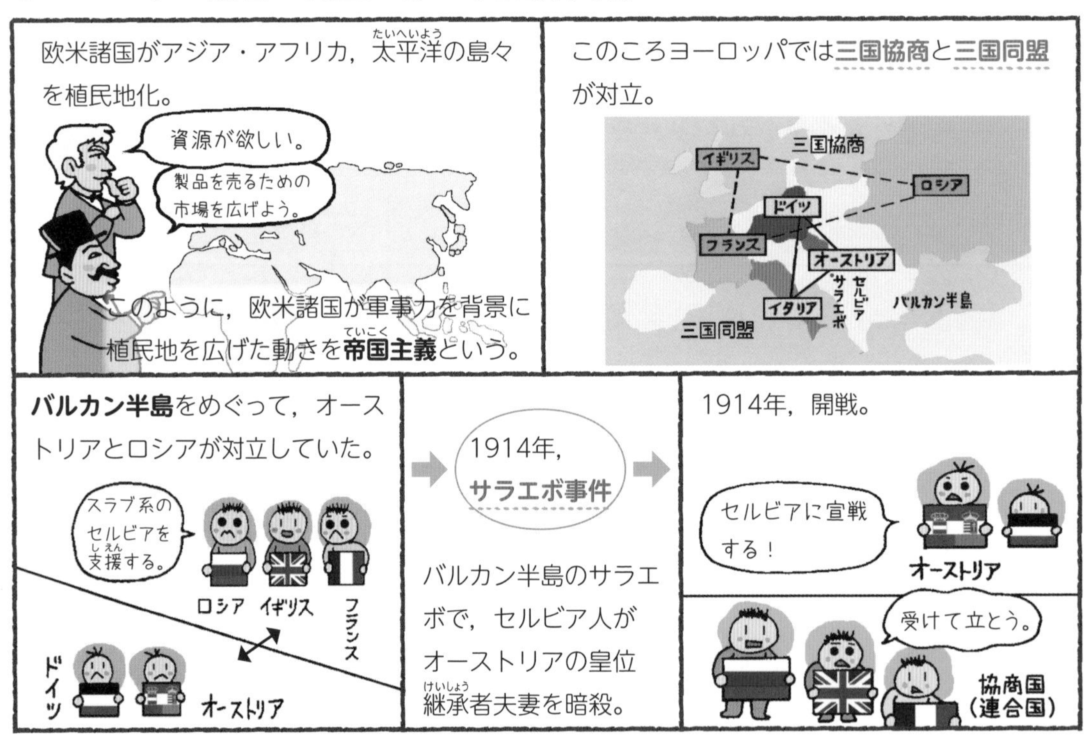

●大戦の経過

日本は日英同盟に基づいてドイツに宣戦布告しました。その後，革命（**ロシア革命**）が起こったロシアは大戦から離脱し，史上初の**社会主義**の政府が成立しました。まもなく同盟国側が降伏し，講和会議が開かれて**ベルサイユ条約**が結ばれました。

基本練習

答えは別冊11ページ

1 [　　] にあてはまる語句を書きましょう。

(1) 19世紀末，資本主義の発達した欧米諸国は，軍事力を背景(はいけい)にきそって植民地を広げていきました。このような動きを [　　　　] といいます。

(2) 20世紀初め，ヨーロッパの国々は「ヨーロッパの [　　　　] 」と呼ばれるバルカン半島をめぐって対立しました。

(3) 第一次世界大戦中の1917年， [　　　　] で革命が起こり，史上初の社会主義の政府が成立しました。

(4) 日本は， [　　　　] に基づいて，ドイツに宣戦布告しました。

2 (　　) のうち，正しいほうを選びましょう。

(1) 19世紀末になるとヨーロッパでは，ドイツ・オーストリア・イタリアによる（ 三国協商・三国同盟 ）と，イギリス・フランス・ロシアによる（ 三国協商・三国同盟 ）が，対立を深めました。

(2) 1914年，（ サラエボ・セルビア ）で起こったオーストリアの皇位継承者夫妻の暗殺をきっかけに，第一次世界人戦が始まりました。

(3) 1918年に（ 同盟国側・連合国側 ）が降伏し，翌年，講和会議が開かれ，（ ロンドン・ベルサイユ ）条約が結ばれました。

ポイント **1** (3)，**2** (2) **語呂(ごろ)合わせで年代を覚えよう。第一次世界大戦の始まりは「行く人死んだ(1914)　第一次大戦」，ロシア革命の始まりは「得意な(1917)レーニン　ロシア革命」。**

40 第一次世界大戦後の世界
大戦後，世界はどうなった？

第一次世界大戦後の世界は，**国際連盟**が成立し，軍縮を目指す**ワシントン会議**が開かれるなど，国際協調の時代になりました。一方，敗戦国のドイツで男女普通(ふつう)選挙や労働者の団結権などを保障した**ワイマール憲法**が制定されるなど，民主主義が広がりました。

●国際平和を目指す動き　●軍縮への動き　●民主主義の広がり

第一次世界大戦後，中国や朝鮮(ちょうせん)，インドなど，アジアでは民族運動が起こりました。

●アジアの民族運動

二十一か条の要求は，日本が第一次世界大戦中，中国に，山東省(さんとうしょう/シャントン)のドイツの権益を譲(ゆず)ることなどを求めたものだよ。中国は，主権をおかすものとして強く反発したんだ。

基本練習

答えは別冊11ページ

1 ［　　　］にあてはまる語句を書きましょう。

(1) 1920年，アメリカ大統領［　　　］の提案で，世界平和と国際協調を目的とする［　　　］が発足しました。

(2) 1919年，第一次世界大戦の敗戦国ドイツで，男女普通選挙や労働者の団結権などを保障した［　　　］憲法が制定されました。

(3) 1921から22年にかけて，アメリカの呼びかけで，軍縮を目指して［　　　］会議が開かれ，海軍の軍備が制限されました。

(4) 第一次世界大戦後，インドでは，［　　　］の指導で，イギリスに対して完全な自治を求める「非暴力・不服従」の抵抗(ていこう)運動が高まりました。

2 (　　　) のうち，正しいほうを選びましょう。

(1) 1919年，パリ講和会議で日本の二十一か条の要求の取り消しが認められなかったことをきっかけに，中国で（　三・一独立運動　・　五・四運動　）が起こりました。

(2) 1919年，朝鮮で，日本からの独立を宣言した人々が「独立万歳(ばんざい/マンセ)」を叫(さけ)んでデモ行進する，（　三・一独立運動　・　五・四運動　）が起こりました。

ミス注意 **2** (1)(2) 1919年，中国で，5月4日に起こった五・四運動。朝鮮で，3月1日に起こった三・一独立運動。それぞれ起こった月日が呼び名に入っている。

41 大正デモクラシー
大正デモクラシーって何？

日本では大正時代を中心に民主主義（デモクラシー）が強く唱えられました。この風潮を**大正デモクラシー**といい，これを理論的に支えたのが**民本主義**を唱えた**吉野作造**です。

●吉野作造の主張

●護憲運動と政党内閣の成立

大正時代が始まった1912年，憲法に基づく政治を守ることを唱える第一次**護憲運動**が起こりました。その後，**原敬**が日本で最初の本格的な**政党内閣**を組織しました。1925年には**普通選挙法**が成立し，同年，**治安維持法**が制定されました。

1912年，**護憲運動**が起こる	1918年，**米騒動**のあと，**原敬**が本格的な政党内閣を組織。	1925年，**普通選挙法**成立
		・**25**歳以上のすべての**男子**に選挙権を認める。 ・財産（納税額）の制限は撤廃する。
	米騒動は，**シベリア出兵**を見こした米の買い占めで米価が急上昇したことに対して，米の安売りを求めて起こった。	同年，共産主義などを取り締まる**治安維持法**が制定された。

基本練習

答えは別冊12ページ

1 [　　　] にあてはまる語句を書きましょう。

(1) 大正時代にさかんになった，民主主義（デモクラシー）を求める風潮を，[　　　　　　] といいます。

(2) 政治学者の吉野作造は，普通選挙によって政治に国民の意見を反映させることを主張する [　　　　] を唱え，(1)の風潮を理論的に支えました。

(3) 1918年，内閣が米騒動によって退陣すると，[　　　] が内閣を組織しました。これは，初めての本格的な [　　　　] でした。

(4) 1925年，選挙権資格に納税額による制限を撤廃した [　　　　] 法が成立しました。

(5) (4)と同年，共産主義などを取り締まる [　　　　] 法が制定されました。

2 （　　）のうち，正しいほうを選びましょう。

(1) 1925年に普通選挙法が成立し，（ 20歳・25歳 ）以上のすべての（ 男子・男女 ）に選挙権が認められました。

(2) 社会運動がさかんになった大正時代には，（ 津田梅子・平塚らいてう ）が，女性の政治活動の自由などを求める運動を広げました。

(3) 被差別部落の人々は，差別からの解放を求めて（ 全国水平社・青鞜社 ）を結成し，運動は全国に広がりました。

ミス注意 2 (1) 1925年に制定された普通選挙法で，選挙権が与えられた人々を押さえておこう。女性に選挙権が与えられたのは第二次世界大戦後のこと。

42 世界恐慌 世界恐慌はどこで始まった？

1929年，**アメリカ**で，株価が大暴落して急激な不景気になりました。この不景気は，アメリカから資金を借りていた国々をはじめ，世界中に広まり，**世界恐慌**となりました。

●世界恐慌の始まり

●世界恐慌に対する各国の動き

アメリカは，**ニューディール**（新規巻き直し）という政策で，植民地の多い**イギリス**や**フランス**は，**ブロック経済**によって，景気の回復を目指しました。植民地が少ないイタリア・ドイツなどでは，独裁的な政治体制の**ファシズム**が台頭しました。

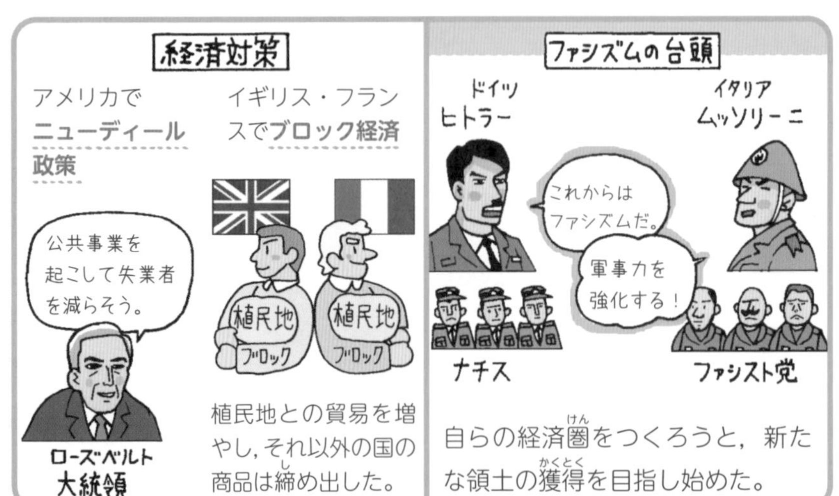

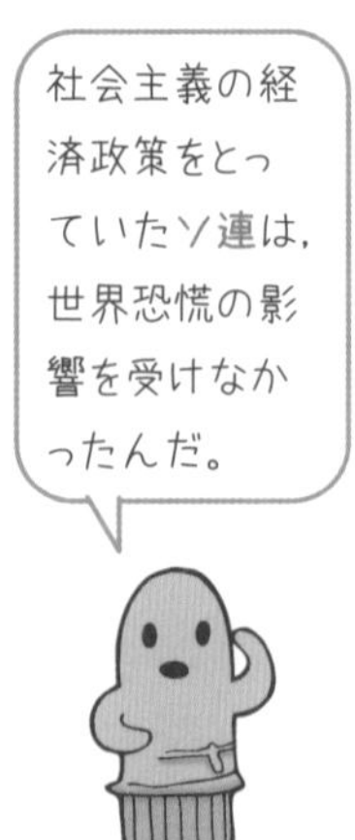

基本練習

答えは別冊12ページ

8章 二つの戦争と日本

1 ［　　　］にあてはまる語句を書きましょう。

(1) 1929年，不景気が世界中に広がり，［　　　　］になりました。

(2) (1)に対して，アメリカでは，ローズベルト大統領のもと，公共事業を起こして失業者を助ける［　　　　］（新規巻き直し）という政策が始まりました。

(3) (1)に対して，イギリスやフランスでは，本国と植民地の結びつきを強化して植民地との貿易を拡大し，それ以外の国からの商品は高い税をかけて締め出す［　　　　］が行われました。

(4) (1)のあと，ドイツやイタリアでは，民主主義や個人の自由を認めない独裁的な政治体制である［　　　　］が台頭しました。

2 （　　　）のうち，正しいほうを選びましょう。

(1) 1929年に世界中に広がった不景気は，（　アメリカ・ドイツ　）での株価の大暴落がきっかけでした。

(2) ドイツでは，（　ムッソリーニ・ヒトラー　）の率いるナチスが政権を握（にぎ）って独裁体制をとり，軍備の増強を進めました。

ミス注意 **1** (2)(3) 世界恐慌に対してとられた政策は，「アメリカがニューディール」，「イギリスとフランスがブロック経済」。

43 日本の中国侵略
日中戦争はどうして始まった？

日本は，**満州**（中国東北部）での権益を守るために**満州事変**を起こし，**満州国**を建国しました。その後，国際連盟が満州からの撤兵を勧告したことに反発した日本は，国際連盟を脱退し，国際的に孤立を深めていきました。

●満州事変と国際連盟からの脱退

●軍部の台頭と日中戦争の始まり

日本国内では**五・一五事件**と**二・二六事件**が起こり，軍部が政治的発言力を強めました。満州では，日本軍がさらに中国北部に侵入し，1937年，日中両国軍の武力衝突（盧溝橋事件）をきっかけに**日中戦争**が始まりました。

▲満州の範囲と盧溝橋の位置

日中戦争開戦の翌年，政府が議会の承認なしに国民や物資を戦争に動員できる**国家総動員法**が定められたよ。

基本練習

答えは別冊12ページ

1 [　　] **にあてはまる語句を書きましょう。**

(1) 1931年，満州にいた関東軍が，南満州鉄道の線路を爆破して始めた軍事行動を何といいますか。 〔　　　〕

(2) (1)によって満州の主要地域を占領(せんりょう)した関東軍が，1932年に建国を宣言した国を何といいますか。 〔　　　〕

(3) 1933年，満州からの撤兵勧告に反発して，日本が脱退した国際機関を何といいますか。 〔　　　〕

(4) 日中戦争が始まった翌年の1938年に制定された，政府が議会の承認なしに国民や物資を戦争に動員できるようにした法律を何といいますか。 〔　　　〕

2 (　　) **のうち，正しいほうを選びましょう。**

(1) 1932年，海軍の青年将校らによる（ 五・一五事件・二・二六事件 ）で犬養毅首相が暗殺され，政党内閣の時代が終わりました。

(2) 1936年，陸軍の青年将校らが大臣などを殺傷し，東京の中心部を占拠(せんきょ)する（ 五・一五事件・二・二六事件 ）が起こりました。

(3) (1)と(2)の事件のあと（ 軍部・議会 ）は，政治的発言力を強めました。

ポイント **語呂(ごろ)合わせで年代を覚えよう。満州事変は「独裁(1931)の道 突(つ)き進む 満州事変」，五・一五事件は「いくさに(1932)進む 五・一五」，日中戦争は「いくさ長(1937)引く 日中戦争」。**

44 第二次世界大戦の終結はいつ？

第二次世界大戦

1939年，ドイツによるポーランド侵攻で**第二次世界大戦**が始まり，まもなくドイツはヨーロッパの大部分を占領しました。翌年，**日独伊三国同盟**が成立し，1941年に日米交渉が決裂，日本軍によるハワイの真珠湾への攻撃などで**太平洋戦争**が始まりました。

●第二次世界大戦の始まりと太平洋戦争の始まり

戦況は，しだいに日本に不利になっていきました。1945年，アメリカ軍の沖縄上陸や，**原子爆弾**の投下などをへて，8月，日本は**ポツダム宣言**を受け入れて降伏しました。

●戦争の終結

基本練習

答えは別冊12ページ

1 （　　　）のうち，正しいほうを選びましょう。

(1) 1939年，ポーランドに侵攻した（　ドイツ・ソ連　）に対し，イギリスやフランスが宣戦布告して，第二次世界大戦が始まりました。

(2) 1940年，日本とドイツ，（　イタリア・ソ連　）の三国は軍事同盟を結び，結束を強化しました。

(3) 1945年３月，アメリカ軍が（　沖縄・広島　）に上陸し，民間人を巻き込む激しい戦闘が行われ，県民の約４分の１が犠牲になりました。

2 [　　　] にあてはまる語句を書きましょう。

(1) 1941年12月，日本軍が，ハワイの [　　　] 湾にあるアメリカの海軍基地へ奇襲攻撃するとともに，イギリス領のマレー半島へ上陸して，[　　　] 戦争が始まりました。

(2) 1945年８月，アメリカ軍は，広島と長崎へ [　　　] を投下し，両都市の中心部は壊滅して多くの人々が犠牲になりました。

(3) 1945年８月14日，日本は [　　　] を受け入れて降伏することを決め，15日に昭和天皇がラジオ放送（玉音放送）でこの決定を国民に知らせました。

ポイント **1** (1)，**2** (1) **この時期の戦争が始まった順は，日中戦争も含めて「日中戦争→第二次世界大戦→太平洋戦争」の順。そして，すべての戦争が1945年に終わった。**

復習テスト 8

答えは別冊17ページ

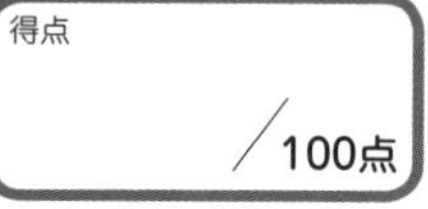

8章 二つの戦争と日本

1 次の文を読んで，あとの問いに答えましょう。 【各5点 計40点】

> 1914年，ヨーロッパでは，ドイツなど三国同盟を結んだ国々を中心とする同盟国と，イギリスなど［ a ］を結んだ国々を中心とする連合国に分かれて，b第一次世界大戦が始まりました。まもなくc日本も参戦し，アジア・太平洋(たいへいよう)地域にも広がった戦争は，4年後，d［　　］側の降伏(こうふく)で終わりました。

(1) ［ a ］に当てはまる，三国同盟と対立を続けていた，イギリスなど3か国が結んでいた協力関係を，漢字で答えましょう。

［　　　　］

(2) 下線部bについて，第一次世界大戦の開戦のきっかけとなった事件が起こった，当時「ヨーロッパの火薬庫」と呼ばれていた半島を何といいますか。

［　　　　］

(3) 下線部cについて，第一次世界大戦中の1915年，日本が，満州(まんしゅう)（中国(ちゅうごく)東北部）での権益拡大などを狙(ねら)って中国に示した要求を何といいますか。

［　　　　］

(4) 下線部dについて，次の問いに答えましょう。

① ［　　］に当てはまる語句を，文中から選び，漢字3字で答えましょう。

［　　　　］

② 第一次世界大戦後の各国の動きについて述べている，次のA～Dに当てはまる国を，あとのア～オからそれぞれ選び，記号で答えましょう。

A 国内で革命が起こり第一次世界大戦から離脱(りだつ)し，1922年にソビエト社会主義共和国連邦(れんぽう)が成立した。

B 1919年，当時最も民主的な憲法といわれたワイマール憲法が制定された。

C 1919年，日本からの独立を求める，三(さん)・一(いち)独立運動が起こった。

D ガンディーの指導で，イギリスからの完全な自治を求める非暴力・不服従の抵抗(ていこう)運動が高まった。

ア 中国　**イ** 朝鮮(ちょうせん)　**ウ** ドイツ　**エ** インド　**オ** ロシア

A［　　］ B［　　］ C［　　］ D［　　］

2 右の年表を見て，次の問いに答えましょう。

【(4)は12点，他は各6点　計60点】

年代	できごと
1912	第一次護憲運動が起こる
	↕ ア
1918	原敬内閣が成立する…a
	↕ イ
1919	b が結ばれる
	↕ ウ
1925	普通選挙法が成立する
	↕ エ
1929	世界恐慌が起こる……c
1932	d が建国される
	↕ Y
1945	日本が降伏する

（1912〜1925の期間：X）

(1) 日本で，年表中のXの期間を中心に，民主主義が強く唱えられた風潮を何といいますか。

〔　　　　　〕

(2) 年表中のaについて，このとき原敬が組織した，多くの大臣を，議会で多数を占める政党の党員で構成する内閣を何といいますか。

〔　　　　　〕

(3) 年表中の b に当てはまる，ドイツと連合国の間で結ばれた第一次世界大戦の講和条約を何といいますか。次のア～エから1つ選び，記号で答えましょう。

ア　ベルサイユ条約　　イ　ポーツマス条約

ウ　南京条約

エ　ワシントン海軍軍縮条約　〔　　　〕

(4) 年表中のcについて，このときフランスなどが行ったブロック経済とはどのような政策ですか。「植民地」という語句を用いて，簡潔に答えましょう。

〔　　　　　　　　　　〕

(5) 次の文の　　に当てはまる語句を，漢字4字で答えましょう。また，この文で述べていることが起こった時期を，年表中のア～エから1つ選び，記号で答えましょう。

> アメリカ大統領ウィルソンの提案に基づき，　　　が発足した。

語句〔　　　　　〕　時期〔　　　〕

(6) 年表中の d には，右の地図中のZの地域を示す語句が当てはまります。当てはまる語句を，解答欄に合うように答えましょう。

〔　　　　　国〕

(7) 次の文は，年表中Yの期間のできごとを述べています。①・②に当てはまる国名を答えましょう。

> 1940年，日本は，①・②と同盟を結び，結束を強化した。

①〔　　　　　〕　②〔　　　　　〕

45 日本の民主化 戦後，行われた改革とは？

敗戦後の日本はアメリカ軍を主力とする連合国軍に占領されました。日本政府は，**マッカーサー**を最高司令官とする**連合国軍最高司令官総司令部（GHQ）**の指令に従い，軍国主義を排除（非軍事化）し，民主化を進める**戦後改革**を行いました。

●戦後改革

【非軍事化】

極東国際軍事裁判（東京裁判）が開かれた。

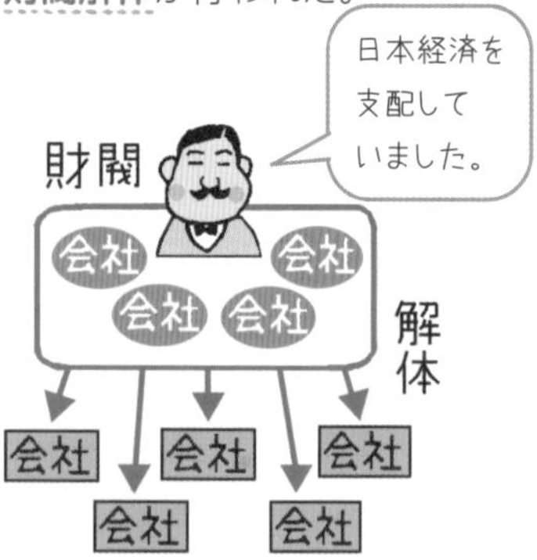

【民主化】

20歳以上の**男女**に**選挙権**が与えられた。

教育基本法が制定された。

財閥解体が行われた。

農地改革が行われた。

▼**農地改革による農家の割合の変化**

	自作	自小作	小作	その他
1940年	31.1%	42.1	26.8	
1950年	61.9%	32.4	5.1	0.6

（「完結昭和国勢総覧」ほか）

＊自作…土地を所有する農家。
＊小作…地主から土地を借り，小作料をはらって耕作する農家。

●日本国憲法の制定

民主化の最大の課題は，憲法の改正でした。日本政府はGHQがつくった草案を改正案に取り入れ，**1946年11月3日**，**日本国憲法**が公布されました。

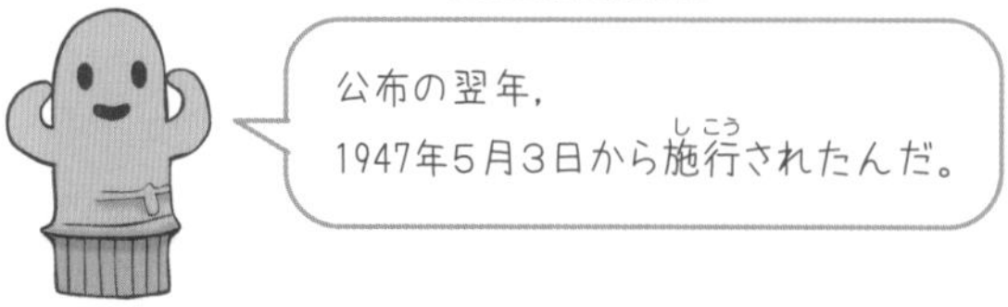

公布の翌年，
1947年5月3日から施行されたんだ。

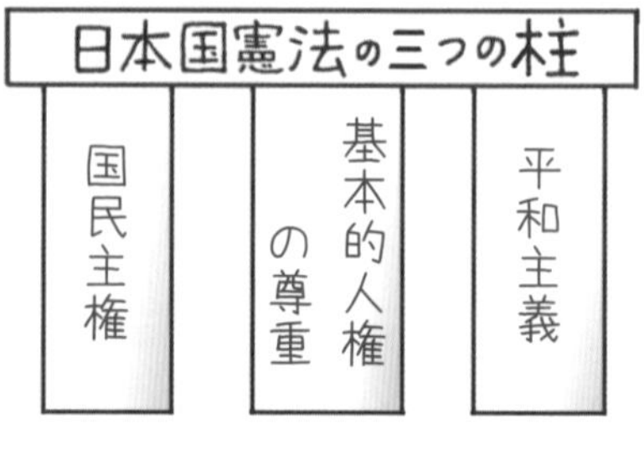

日本国憲法の三つの柱

国民主権	基本的人権の尊重	平和主義

基本練習

答えは別冊13ページ

1 **(　　)のうち，正しいほうを選びましょう。**

(1) 日本は，(アメリカ・ソ連)を中心とする連合国軍に占領され，(民主化・軍事化)を進める戦後改革が行われました。

(2) 選挙法が改正され，(20歳以上・25歳以上)の(男子・男女)に選挙権が与えられました。

2 **[　　　]に当てはまる語句を書きましょう。**

(1) 戦後改革は，[　　　　　]を最高司令官とする連合国軍最高司令官総司令部([　　　　])の指令に従って，日本政府が政策を実施(じっし)する形で行われました。

(2) 日本の経済を支配していた[　　　　]は解体されました。

(3) 農村では，地主がもつ小作地を政府が強制的に買い上げ，小作人に安く売り渡す，[　　　　　]が行われ，多くの[　　　　　]が生まれました。

(4) 男女共学や義務教育の延長などを定め，民主主義の教育の基本を示す[　　　　　　]が制定されました。

(5) 1946年11月3日，[　　　　　]，[　　　　　　]の尊重，平和主義を三つの基本原理とする日本国憲法が公布されました。

ミス注意 **1** (2) このとき，GHQによる日本の民主化政策に基づいて，日本で初めて女性の参政権が認められた。現在の選挙権は満18歳以上の男女に与えられている。

46 冷たい戦争って何？

二つの世界とアジア

1945年10月，二度の世界大戦への反省から**国際連合**(**国連**)がつくられました。まもなく，アメリカ中心の資本主義の西側と，ソ連が率いる共産(社会)主義の東側の対立が始まり，この対立は，実際の戦争と対比して**冷たい戦争**(**冷戦**)と呼ばれました。

●国際連合の発足と新たな対立の始まり

軍事同盟として，
西側では**北大西洋条約機構（NATO）**，
東側では**ワルシャワ条約機構**がつくられたよ。

この対立の影響で，ドイツは東西に分かれて独立しました。また，日本の植民地支配から解放され，南をアメリカ，北をソ連に占領されていた朝鮮では，南に**大韓民国**(**韓国**)，北に**朝鮮民主主義人民共和国**（**北朝鮮**）が成立し，まもなく，**朝鮮戦争**が始まりました。

●ドイツの分断（1949年）

●朝鮮戦争（1950～53年）

このころ，中国では毛沢東を主席とする**中華人民共和国**が成立して，
社会主義国の建設を目指したんだ。

基本練習

答えは別冊13ページ

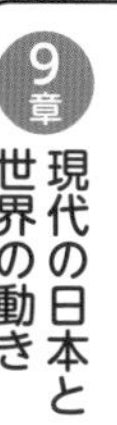

1 [　　　] に当てはまる語句を書きましょう。

(1) 1945年10月，戦争を防ぎ，平和を守るための新たな国際的な組織である [　　　] が発足しました。

(2) 第二次世界大戦後，[　　　] を中心とする資本主義の西側と，[　　　] が率いる共産（社会）主義の東側の対立が始まりました。

(3) (2)の対立は，実際の戦争と対比して「[　　　]」と呼ばれます。

(4) 朝鮮では，南に [　　　]，北に [　　　] が成立し，1950年に [　　　] 戦争が始まりました。

2 (　　　) のうち，正しいほうを選びましょう。

(1) 西側陣営と東側陣営の対立が始まり，

西側では（　北大西洋条約機構・ワルシャワ条約機構　），

東側では（　北大西洋条約機構・ワルシャワ条約機構　）

という軍事同盟がつくられました。

(2) 中国では毛沢東を主席とする（　中華民国・中華人民共和国　）が成立しました。

(3) 西側陣営と東側陣営の対立の影響で（　ドイツ・イタリア　）が東西に分かれて独立しました。

1 (4) 語呂(ごろ)合わせで年代を覚えよう。朝鮮戦争の始まりは，「行く号令出た 朝鮮戦争」(1950)。

日本の国際社会への復帰

47 日本が独立を回復したのはいつ？

1951年，日本は，アメリカなど48か国と**サンフランシスコ平和条約**を結び，翌年，独立を回復しました。また，同時に**日米安全保障条約**（**日米安保条約**）が結ばれ，独立回復後もアメリカ軍基地が日本国内に残されることになりました。

●日本の独立回復

戦後，アメリカが直接統治していた沖縄や小笠原諸島は，引き続きアメリカの統治下に置かれたんだ。

●日本の外交関係の広がり

ソ連とは，1956年，**日ソ共同宣言**が調印されて国交が回復しました。同年，ソ連の支持も受けて日本の国際連合への加盟が実現しました。

韓国とは，1965年に**日韓基本条約**を結び，中国とは，1972年，**日中共同声明**によって国交を正常化しました。

1978年には**日中平和友好条約**が結ばれて，中国との関係はさらに深まったよ。

基本練習

答えは別冊13ページ

1 [　　　] に当てはまる語句を書きましょう。

(1) 1951年，日本はアメリカなど48か国と [　　　　　　] 条約を結び，翌年，条約が発効して日本は独立を回復しました。

(2) (1)の条約と同時に，[　　　　　] 条約が結ばれ，引き続き，[　　　　　] 軍基地が日本国内に残されることになりました。

(3) 1956年，日本とソ連は [　　　　　] を調印して国交を回復し，同年，日本は [　　　　] に加盟し，国際社会に復帰しました。

(4) 1965年，日本は，韓国と [　　　　] 条約を結び，韓国を朝鮮半島唯一の政府として承認しました。

2 (　　　) のうち，正しいほうを選びましょう。

(1) 戦後，アメリカが直接統治していた（　北方領土・沖縄　）と小笠原諸島は，日本の独立回復後も，引き続きアメリカの統治下に置かれました。

(2) 1972年，（　日中共同声明・日中平和友好条約　）によって，日本と中国の国交が正常化しました。

(3) 1978年には（　日中共同声明・日中平和友好条約　）が結ばれ，日本と中国の関係はさらに深まりました。

ミス注意 **2 (2) (3) 第二次世界大戦後，日本と中国との間で平和条約が結ばれたのは，国交が正常化された6年後のこと。**

48 石油危機は何をもたらした？

日本の高度経済成長とその後の世界

1973年，西アジアで**第四次中東戦争**が起こったことで石油価格が大幅に上昇し，先進工業国の経済は大打撃を受けました。これを**石油危機(オイル・ショック)**といい，日本では，1950年代半ばから続いていた経済の急激な成長(**高度経済成長**)が終わりました。

●高度経済成長と石油危機

●冷戦(冷たい戦争)の終結とその後の国際社会

1989年，東ヨーロッパ諸国で民主化運動が高まると，冷戦の象徴だった**ベルリンの壁**が取りこわされ，米ソの首脳が**冷戦の終結**を宣言しました。翌年に東西の**ドイツが統一**，1991年には**ソ連が解体**しました。

冷戦後，民族・宗教・文化の違いや国家間の対立などから，世界各地で**地域紛争**が起こっているんだ。

▶**アメリカ同時多発テロ** (2001年) このテロを理由に，アメリカがアフガニスタンを攻撃した。

(ロイター／アフロ)

基本練習

答えは別冊13ページ

1 [　　　] に当てはまる語句を書きましょう。

(1) 日本の経済が急激な成長を続けていた1964年，

東京で [　　　　　　] が開かれました。

(2) 1973年，西アジアで，イスラエルとアラブ諸国との間の戦争である

第四次 [　　　　] が起こったことで [　　　] の価格が急上昇

し，先進工業国の経済は大きな打撃を受け，深刻な不況(ふきょう)になりました。

(3) (2)で先進工業国の経済が受けた大きな打撃を [　　　　] といい

ます。

(4) (3)によって，日本では，1950年代半ばから続いていた

[　　　　　] が終わりました。

(5) 1989年，冷戦の象徴であった [　　　　　] が，市民によっ

て取りこわされました。

2 （　　） のうち，正しいほうを選びましょう。

(1) 1989年，アメリカと（　ソ連・中国　）の首脳が冷戦の終結を宣言しま

した。

(2) 1990年，冷戦を背景に東西に分かれて独立していた（　朝鮮・ドイツ　）

が統一し，翌年には，（　アメリカ・ソ連　）が解体しました。

ポイント **1** (4) 高度経済成長が始まったのは朝鮮戦争のあとの1955年。終わった1973年は，「人苦難散々(1973)石油危機」と覚えよう。

1章　2章　3章　4章　5章　6章　7章　8章　9章 現代の日本と世界の動き

復習テスト 9

9章 現代の日本と世界の動き

1 敗戦後の日本で進められた戦後改革について，次の問いに答えましょう。

【(3)は8点，他は各6点　計44点】

(1) ポツダム宣言に基づいて日本を占領（せんりょう）するために置かれ，戦後改革を指令した連合国軍の機関を何といいますか。アルファベット3字で答えましょう。

〔　　　　〕

(2) 農村の民主化を進めるために行われた改革を何といいますか。

〔　　　　〕

(3) **［資料］**は，(2)の改革が行われる前（1940年）とあと（1950年）の農家の割合を示しています。**［資料］**より，どのような変化が起こったことがわかりますか。簡潔に答えましょう。

〔　　　　〕

［資料］

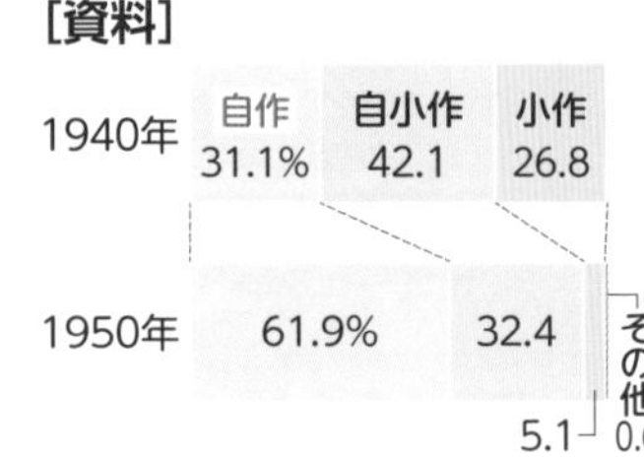

(4) 経済の面では，日本経済を支配し，軍国主義を支えていた三井（みつい）・三菱（みつびし）・住友（すみとも）・安田（やすだ）などの□が解体されました。□に当てはまる語句を漢字2字で答えましょう。

〔　　　　〕

(5) 選挙法も改正され，1946年に戦後初めての衆議院議員総選挙が行われました。このときの選挙について述べているものとして当てはまるものを，次のア～エから1つ選び，記号で答えましょう。

ア　満18歳（さい）以上の男女に選挙権が与（あた）えられた。
イ　満25歳以上の男子に選挙権が与えられた。
ウ　女性に参政権が認められ，初めての女性の国会議員が誕生した。
エ　有権者は全人口の約1％を占（し）めていた。

〔　　　　〕

(6) 民主化政策の中心として改正され，新たに公布された憲法を何といいますか。

〔　　　　〕

(7) (6)の憲法が施行（しこう）された年月日を，次のア～エから1つ選び，記号で答えましょう。

ア　1889年2月11日　　**イ**　1945年8月15日
ウ　1946年11月3日　　**エ**　1947年5月3日

〔　　　　〕

2 右の年表を見て，次の問いに答えましょう。

【各7点　計56点】

年代	できごと
1945	[a] が発足する
	↕ ア
1949	東西ドイツが独立する ……b
1950	朝鮮戦争が始まる …………c
	↕ イ
1952	日本が独立を回復する
	↕ ウ
1956	日本が [a] に加盟する…d
	↕ X
1972	沖縄が日本に復帰する ……e
	↕ エ
1991	ソ連が解体する

(1)　2か所の [a] に共通して当てはまる，国際機関を何といいますか。漢字4字で答えましょう。

〔　　　　〕

(2)　bやcの背景にあるアメリカを中心とする国々と，ソ連が率いる国々との対立を何といいますか。

〔　　　　〕

(3)　dについて，日本とある国との国交回復がdの実現につながりました。「ある国」に当てはまる国を，2字で答えましょう。

〔　　　　〕

(4)　eと同じ年に，日本と国交を正常化した国を答えましょう。

〔　　　　〕

(5)　年表中Xについて，この期間のできごとではないものを，次のア～エから1つ選び，記号で答えましょう。

ア　東京オリンピック・パラリンピックが開催される。
イ　東海道新幹線が開通する。
ウ　家庭電化製品や自動車が普及する。
エ　バブル経済と呼ばれる好景気になる。

〔　　　　〕

(6)　次の文を読んで，あとの問いに答えましょう。

> 日本は [A] など48か国と [B] を結びました。同時に日米安全保障条約を結び，これにより，引き続き [A] 軍基地が日本国内に残されることになりました。

①　2か所の [A] に共通して当てはまる国名を答えましょう。

〔　　　　〕

②　[B] に当てはまる語句を，解答欄に合うように答えましょう。

〔　　　　条約〕

③　この文で述べていることが起こった時期を，年表中のア～エから1つ選び，記号で答えましょう。〔　　　　〕

中学歴史をひとつひとつわかりやすく。改訂版

本書は，個人の特性にかかわらず，内容が伝わりやすい配色・デザインに配慮し，
メディア・ユニバーサル・デザインの認証を受けました。

編集協力
八木佳子

カバーイラスト・シールイラスト
坂木浩子

キャラクターイラスト
松村有希子

本文イラスト・図版
本山一城
ゼム・スタジオ，（有）木村図芸社

写真提供
写真そばに記載，記載のないものは編集部

ブックデザイン
山口秀昭（Studio Flavor）

メディア・ユニバーサル・デザイン監修
NPO法人メディア・ユニバーサル・デザイン協会　伊藤裕道

DTP
㈱四国写研

中学歴史を ひとつひとつわかりやすく。

［改訂版］

解答と解説

軽くのりづけされているので，
外して使いましょう。

Gakken

01 古代文明がおこったところは？

1 次の問いに答えましょう。

(1) チグリス川とユーフラテス川の流域におこった文明を何といいますか。

〔 メソポタミア文明 〕

(2) 右の写真のような建造物がつくられた文明は，何という川の流域でおこりましたか。

〔 ナイル川 〕

(学研写真資料)

(3) 中国で漢の時代に開かれた，中国と西方を結ぶ陸の交通路を何といいますか。

〔 シルクロード(絹の道) 〕

2 (　　)のうち，正しいほうを選びましょう。

(1) 中国で紀元前16世紀におこった殷という国では，のちに漢字のもとになった（ **甲骨文字** ・くさび形文字 ）が使われました。

(2) インドでは，紀元前2500年ごろ，（ ガンジス川・**インダス川** ）の流域で文明がおこりました。

(3) 紀元前３世紀に中国を統一した（ **秦** ・漢 ）の始皇帝は，北方の遊牧民の侵入を防ぐために万里の長城を整備しました。

解説　**1** (2) エジプト文明では，ナイル川の流域に統一王国ができた。

02 縄文時代と弥生時代の違いは？

1 ［　　］にあてはまる語句を書きましょう。

(1) 縄文時代や弥生時代の人々は，掘り下げた地面に柱を立てて屋根をかけた［ たて穴(竪穴) ］住居に住んでいました。

(2) 縄文時代，海に近いむらでは住まいの近くに，食べ終わったあとの貝殻や，魚や動物の骨などを捨てた［ 貝塚 ］ができました。

(3) 弥生時代には，稲作とともに大陸から伝わった［ 青銅 ］器や鉄器が使われるようになりました。

(4) 弥生時代，収穫した稲は，住まいの近くにつくった，ねずみや湿気を防ぐ［ 高床 ］倉庫に蓄えました。

2 (　　)のうち，正しいほうを選びましょう。

(1) 右の図Aは，（ **縄文** ・弥生 ）時代に使われた土器です。

(2) 右の図Bは，主に祭りのための宝物として使われた（ 土偶・**銅鐸** ）です。

図A

図B

解説　**2** (2) 銅鐸と同時期に伝わった銅剣は，実用の武器として伝わるが，日本では祭りのための宝物として使われた。

03 卑弥呼の国ってどんな国？

1 ［　　］にあてはまる語句を書きましょう。

(1) 邪馬台国の女王の［ 卑弥呼 ］は，30ほどの国々をまとめ，まじないによる政治を行っていました。

(2) ３世紀後半，奈良盆地を中心とする地域には，［ 大和政権(ヤマト王権) ］という強力な勢力が現れ，その王は［ 大王 ］と呼ばれました。

(3) 王や豪族の墓としてつくられた古墳の中でも，大仙古墳のように，四角い方墳と円い円墳を合わせた形のものを［ 前方後円墳 ］といいます。

2 (　　)のうち，正しいほうを選びましょう。

(1) １世紀半ば，倭の奴国の王は，中国の（ **漢** ・魏 ）に使いを送り，皇帝から金印を授けられました。

(2) 239年，卑弥呼は，中国の（ 漢・**魏** ）に使いを送り，皇帝から金印や，銅鏡100枚などを授けられました。

(3) 古墳の表面には，多くの場合，石がしき詰められ，上や周りには，（ 土偶・**埴輪** ）という土製の焼き物が並べられました。

解説　**1** (1) **2** (2) 邪馬台国や卑弥呼などについては，中国の魏の歴史書『魏志倭人伝』に書かれている。

04 聖徳太子の政治って？

1 (　　)のうち，正しいほうを選びましょう。

(1) 聖徳太子は推古天皇の摂政となり，（ **蘇我氏** ・物部氏 ）と協力して新しい政治を行いました。

(2) 聖徳太子は，（ **大王(天皇)** ・豪族 ）中心の国づくりを進めました。

(3) 聖徳太子は十七条の憲法で，（ 農民・**役人** ）の心構えを示しました。

(4) 聖徳太子は，中国の進んだ制度や文化を取り入れようと，小野妹子らを（ **遣隋使** ・遣唐使 ）として派遣しました。

2 ［　　］にあてはまる語句を書きましょう。

(1) 聖徳太子は，能力のある者を役人に取り立てるために［ 冠位十二階 ］の制度を定めました。

(2) 右の写真の寺は，聖徳太子が建てたと伝えられる［ 法隆 ］寺で，現存する世界最古の木造建築です。

(写真：アフロ)

(3) 聖徳太子のころに栄えた，日本で最初の仏教文化を［ 飛鳥 ］文化といいます。

解説　**1** (1) 物部氏は，大和政権の有力豪族。仏教の受け入れに反対して蘇我氏と対立し，滅ぼされた。

05 天皇中心の国づくりって？

1 [　　] にあてはまる語句を書きましょう。

(1) 645年，中大兄皇子や中臣鎌足らは，蘇我氏をたおして [**大化の改新**] と呼ばれる政治改革を始めました。

(2) (1)の改革では，それまで各地の豪族が支配していた土地と人々を国が直接支配する [**公地・公民**] という方針を示しました。

(3) 701年には，唐の律令にならった [**大宝律令**] が完成しました。

(4) 律令国家では，地方は多くの国に分けられ，都から [**国司**] という役人が派遣されました。

2 (　　) のうち，正しいほうを選びましょう。

(1) 663年，中大兄皇子らは，(新羅・**百済**) を助けるために大軍を送り，(**白村江の戦い**・壬申の乱) で唐と新羅の連合軍に大敗しました。

(2) 中大兄皇子は即位して (**天智天皇**・天武天皇) となり，国内の改革を進めました。

(3) 672年，天皇のあとつぎをめぐる (白村江の戦い・**壬申の乱**) が起こりました。この戦いに勝利して即位した (天智天皇・**天武天皇**) は，天皇中心の強い国づくりを進めました。

解説 **2** (1) このあと，中大兄皇子らはすぐに西日本各地に山城を築き，唐や新羅の侵攻に備えた。

06 奈良時代の人々の暮らしは？

1 [　　] にあてはまる語句を書きましょう。

(1) 710年，律令国家の新しい都として [**平城京**] がつくられました。ここを中心に政治が行われた約80年間を奈良時代といいます。

(2) 朝廷は戸籍に登録された６歳以上の人々に田を与え，その人が死ぬと国に返すこととしました。この制度を [**班田収授法**] といいます。

(3) (2)の制度で，６歳以上の人々に与えられた田を [**口分田**] といいます。

2 (　　) のうち，正しいほうを選びましょう。

(1) 田を与えられた６歳以上の人々に課せられ，収穫量の約３％の稲を納める税を (**租**・調・庸) といいます。

(2) 成人男子に課せられた税で，絹や魚など地方の特産物を納める税を (租・**調**・庸) といいます。

(3) 成人男子に課せられた税で，労役のかわりに布を納める税を (租・調・**庸**) といいます。

(4) 墾田永年私財法が出され，貴族や寺社はさかんに開墾を行い，(口分田・**私有地**) を広げました。

解説 **1** (2) 班田収授法に使われた戸籍は６年ごとにつくられた。

07 奈良の大仏はなぜつくられた？

1 [　　] にあてはまる語句を書きましょう。

(1) 聖武天皇は，仏教の力で国を守ろうと，国ごとに [**※国分**] 寺と [**※国分尼**] 寺を建て，都に東大寺を建てました。(※順不同)

(2) 奈良時代，聖武天皇のころに栄えた国際色豊かな文化を [**天平**] 文化といいます。

(3) 右の写真の工芸品は，東大寺の [**正倉院**] という倉に納められていました。

(4) 右の写真の工芸品は，[**シルクロード(絹の道)**] という交通路を通って伝わったものです。

(正倉院宝物)

2 (　　) のうち，正しいほうを選びましょう。

(1) 右の写真の大仏を本尊とする寺は (法隆寺・**東大寺**) です。

(2) 天平文化は，(**唐**・隋) の影響を強く受けた，(最初の仏教文化・**国際色豊かな文化**) です。

(東大寺)

解説 **1** (3) 正倉院は，三角形の木材を井げた状(井の字の形)に組み上げた校倉造という様式でつくられた。

08 摂関政治って何？

1 [　　] にあてはまる語句を書きましょう。

(1) 794年，桓武天皇は都を [**平安京**] に移しました。ここから鎌倉幕府が成立するまでの約400年間を [**平安**] 時代といいます。

(2) 平安時代，藤原氏は，娘を天皇の [**きさき**] にし，その子を次の天皇に立てることで勢力を広げました。

(3) 藤原氏は，天皇が幼いときは [**摂政**]，成人すると [**関白**] の職に就き，政治の実権を握りました。

(4) 藤原氏の政治は，[**藤原道長**] とその子頼通のころに最も安定し，朝廷の多くの役職を藤原氏が独占しました。

2 次の各問いに答えましょう。

(1) 桓武天皇が坂上田村麻呂を征夷大将軍に任命して大軍を送り，支配を広げようとした地方を，次のア～エから１つ選び，記号で答えましょう。

ア　東北地方　　イ　関東地方　　ウ　中国地方　　エ　九州地方

〔 **ア** 〕

(2) 貴族の藤原氏が政治の実権を握って行った政治を何といいますか。

〔 **摂関政治** 〕

解説 **1** (4) 藤原道長は娘４人を天皇のきさきにし，生まれた孫を天皇にした。

09 国風文化はどんな文化？

本文25ページ

1 □にあてはまる語句を書きましょう。

(1) 平安時代に貴族が生み出した，日本の風土や生活感情に合った文化を **国風** 文化といいます。

(2) 平安時代，貴族は，広い庭や池が備えられた **寝殿造** と呼ばれる住宅に住みました。

(3) 漢字を変形させた **仮名文字** がつくられたことで，自分の考えや感情を豊かに表現できるようになりました。

(4) 11世紀になると，阿弥陀如来にすがって死後に極楽浄土に生まれ変わることを願う **浄土信仰** が広まり，**平等院** 鳳凰堂のような阿弥陀堂がさかんにつくられました。

2 （　）のうち，正しいほうを選びましょう。

(1) 平安時代の貴族の文化の特色の一つは，紫式部の（『枕草子』・『源氏物語』）など，仮名文字を用いた女性の文学作品が多く著されたことです。（『源氏物語』に丸）

(2) 紀貫之らは，（『古今和歌集』・『万葉集』）を編集しました。（『古今和歌集』に丸）

解説 **2** (1) 紫式部も，『枕草子』を書いた清少納言も，ともに天皇のきさきに仕えた。

10 武士はどうやって力をつけたの？

本文27ページ

1 □にあてはまる語句を書きましょう。

(1) 平安時代半ばに登場した武士は，やがて **武士団** をつくるようになり，中でも平氏と **源氏** が棟梁として勢力を広げました。

(2) 1086年，白河天皇は位をゆずって上皇になり，その後も政治を動かしました。この政治を **院政** といいます。

(3) 上皇と天皇との対立などから，武士を動員して二度の内乱が起こり，勝利した **平清盛** が勢力を広げました。

(4) 平氏の政治に不満が高まって源氏をはじめとする各地の武士が兵を挙げ，1185年，**壇ノ浦** の戦い（山口県）で平氏は源氏に滅ぼされました。

2 （　）のうち，正しいほうを選びましょう。

(1) 1167年，平清盛は武士として初めて（征夷大将軍・太政大臣）となりました。（太政大臣に丸）

(2) 平清盛は，（宋・唐）との貿易を進めるため，兵庫（兵庫県神戸市）の港を修築しました。（宋に丸）

解説 **2** (1) 平清盛は，娘を天皇のきさきにするという，藤原氏のような方法で朝廷の実権を握った。

11 鎌倉幕府の政治はどんな政治？

本文31ページ

1 □にあてはまる語句を書きましょう。

(1) **源頼朝** は，鎌倉に幕府を開いて武家政治を始めました。

(2) 源頼朝の死後，**北条** 氏が代々 **執権** の地位に就き，政治の実権を握りました。

(3) 1232年に制定された **御成敗式目(貞永式目)** は，武家社会の最初の法律です。

2 （　）のうち，正しいほうを選びましょう。

(1) 鎌倉時代，将軍は御家人の領地を保護し，功績があれば新しい領地を与えました。これを（御恩・奉公）といいます。また，御家人が将軍のために戦うことを（御恩・奉公）といいます。（前者は御恩，後者は奉公に丸）

(2) 鎌倉時代，国ごとに（地頭・守護）が置かれ，荘園や公領には（地頭・守護）が置かれました。（前者は守護，後者は地頭に丸）

(3) 1221年，（白河・後鳥羽）上皇が幕府をたおそうと兵を挙げました。これを（承久・保元）の乱といいます。（後鳥羽，承久に丸）

(4) (3)の乱に勝利した幕府は，京都に（大宰府・六波羅探題）を置いて，朝廷を監視しました。（六波羅探題に丸）

解説 **1** (3) 御成敗式目は，貞永式目ともいう。朝廷の律令とは別の，武士独自の法。

12 鎌倉時代の文化や宗教の特徴は？

本文33ページ

1 （　）のうち，正しいほうを選びましょう。

(1) 鎌倉時代には，新たに支配者となった（貴族・武士）の好みに合った（はなやかな・力強い）文化が生まれました。（武士，力強いに丸）

(2) 鎌倉時代に広まった仏教の中でも，栄西と道元が中国から伝えた（時宗・禅宗）は，幕府によって保護されました。（禅宗に丸）

(3) 法然は（浄土宗・浄土真宗）を開き，その弟子の親鸞は（浄土宗・浄土真宗）を開きました。（前者は浄土宗，後者は浄土真宗に丸）

(4) 日蓮は（念仏・題目）を唱えれば国も人も救われると説きました。（題目に丸）

2 □にあてはまる語句を書きましょう。

（東大寺/撮影：飛鳥園）

(1) 右の写真は運慶らによってつくられた彫刻で **金剛力士像** といい，宋の建築様式を取り入れて再建された **東大寺南大門** に収められています。

(2) 『**平家物語**』は，武士の戦いを描いた軍記物で，琵琶法師によって語り広められました。

(3) 『**新古今和歌集**』は，藤原定家らが編集した和歌集です。

解説 **2** (3)『新古今和歌集』は，後鳥羽上皇の命令で編集された。後鳥羽上皇は承久の乱を起こした上皇。

13 元軍が攻めてきてどうなったの？

本文35ページ

1 ［　　］にあてはまる語句を書きましょう。

(1) 13世紀の初め，チンギス・ハンは［モンゴル］帝国を築きました。

(2) (1)の帝国は，［ユーラシア］大陸の東西にまたがる大帝国となりました。

(3) チンギス・ハンの孫で，(1)の帝国の５代皇帝の［フビライ・ハン（フビライ）］は，国名を元として，中国全土を支配しました。

(4) 13世紀後半，元軍が二度にわたって九州北部に襲来したできごとを，［元寇（蒙古襲来）］といいます。

(5) (4)のあと，生活が苦しくなった御家人を救うため，幕府は［徳政令（永仁の徳政令）］を出しましたが，効果は一時的で，かえって信用をなくしました。

2 （　　）のうち，正しいほうを選びましょう。

(1) 元軍が二度にわたって襲来したときの執権は，（ 北条泰時・**北条時宗** ）です。

(2) 元軍は（ 一騎打ち・**集団戦法** ）と火薬を使った武器で，幕府軍を苦しめました。

解説 **1** (4) ２度目は海岸に築いた石の防塁と御家人の活躍で，元軍は上陸できず，暴風雨にあって引き揚げた。

14 足利義満が行ったことは？

本文37ページ

1 次の各問いに答えましょう。

(1) 後醍醐天皇が，鎌倉幕府をたおして始めた政治を何といいますか。
〔 建武の新政 〕

(2) (1)の政治の特色を，次のア～ウから１つ選び，記号で答えましょう。
ア 貴族を重視　イ 武士を重視　ウ 農民など民衆を重視
〔 ア 〕

(3) 京都の朝廷と吉野（奈良県）の朝廷が争いを続けた，約60年間を何時代といいますか。
〔 南北朝時代 〕

(4) 足利義満が貿易を始めたときの，中国の王朝を何といいますか。
〔 明 〕

2 ［　　］にあてはまる語句を書きましょう。

(1) 1338年，［足利尊氏］は京都の北朝の天皇から征夷大将軍に任命され，幕府を開きました。

(2) 足利義満のとき，［南北朝］が統一されました。

(3) 足利義満が始めた貿易で［倭寇］と正式な貿易船とを区別するために用いられた，右のような証明書を［勘合］といいます。

解説 **1** (3) 足利尊氏は京都に新たな天皇を立て，後醍醐天皇は吉野に逃れて正式な天皇であると主張した。

15 応仁の乱って何？

本文39ページ

1 ［　　］にあてはまる語句を書きましょう。

(1) 室町幕府の８代将軍［足利義政］のあとつぎをめぐって有力な守護大名が対立し，1467年，［応仁］の乱が起こりました。

(2) (1)の乱のあと，家来が主人に打ち勝ってその地位を奪う［下剋上］の風潮が広がりました。

(3) (1)の乱のあとの約100年間，各地に現れた戦国大名が活躍した時代を［戦国時代］といいます。

2 （　　）のうち，正しいほうを選びましょう。

(1) 足利（ **義満**・義政 ）は，京都の北山に金閣を建てました。

(2) 足利（ 義満・**義政** ）は，京都の東山に銀閣を建てました。

(3) 銀閣の敷地にある建物の部屋に取り入れられた，右の写真のような建築様式を（ 寝殿造・**書院造** ）といいます。

（編・ゼンジ）

(4) 禅宗の僧の雪舟は，墨一色で自然を描く（ **水墨画**・大和絵 ）の名作を多く残しました。

解説 **2** (1) (2) 足利義満のころの文化を北山文化，足利義政のころの文化を東山文化という。

16 ヨーロッパでは何が起こっていたの？

本文43ページ

1 ［　　］にあてはまる語句を書きましょう。

(1) ヨーロッパでは，11世紀に聖地［エルサレム］がイスラム教の国に占領されると，その奪回を目指して［十字軍］が派遣されました。

(2) (1)のできごとによって，［イスラム］世界の進んだ学問や技術が［ヨーロッパ］にもたらされました。

(3) 14世紀になると，イタリアから西ヨーロッパにかけて，新しい文化の風潮が生まれました。これを［ルネサンス］（文芸復興）といいます。

2 （　　）のうち，正しいほうを選びましょう。

(1) 中世のヨーロッパでは（ イスラム教・**キリスト教** ）が広まり，人々の精神的な支えとなっていました。

(2) 11世紀のヨーロッパで，イスラム教の国に占領された聖地の奪回を呼びかけたのは（ **ローマ教皇**・各国の王たち ）です。

(3) 14世紀から16世紀にかけて西ヨーロッパに広がった，新しい文化の風潮（文芸復興）は，（ 古代エジプト・**古代ギリシャやローマ** ）の文化を理想としています。

解説 **1** (3) ルネサンスは，レオナルド・ダ・ビンチやミケランジェロなど，多くの芸術家を生み出した。

17 コロンブスが航海に出たわけは？

1 （　　）のうち，正しいほうを選びましょう。

(1) 15世紀，ヨーロッパの人々は新しい航路の開拓を始めました。その目的は（ イスラム教・キリスト教 ）を広めることと，香辛料など（ アジア・アフリカ ）の産物を直接手に入れることでした。

(2) アメリカ大陸に進出した（ スペイン・ポルトガル ）は，先住民が築いていたアステカ王国やインカ帝国を滅ぼし，広大な植民地を築きました。

2 ［　　］にあてはまる語句を書きましょう。

(1) 1492年，［コロンブス］は大西洋を横断し，アメリカ大陸に近い西インド諸島に到達しました。

(2) 1498年，ポルトガルのバスコ・ダ・ガマは，ヨーロッパからアフリカ南端をまわって（ インド・フィリピン ）に到達する航路を開拓しました。

(3) 1522年，スペイン国王の後援を受けた［マゼラン］の一行は世界一周を達成しました。

解説 **2** (1) コロンブスが，到着した島を「インド」と考えたことから，「西インド諸島」という名がついた。

18 なぜキリスト教が伝わったの？

本文47ページ

1 ［　　］にあてはまる語句を書きましょう。

(1) 16世紀に入り，ドイツやスイスで，免罪符を販売して資金集めをするカトリック教会を批判して，［宗教改革］が始まりました。

(2) (1)のあと，カトリック教会で始まった改革の中心となった［イエズス］会は，［アジア］やアメリカ大陸に宣教師を派遣して布教を行いました。

(3) 1543年，種子島に漂着した［ポルトガル］人が日本に伝えた［鉄砲］は，新しい武器として戦国大名に注目され，広まりました。

2 次の問いに答えましょう。

(1) ドイツのルターらが始めた改革を支持する人々は何と呼ばれましたか。
［プロテスタント］

(2) 1549年，鹿児島に上陸して日本にキリスト教を伝えた宣教師は誰ですか。
［ザビエル（フランシスコ＝ザビエル）］

(3) 16世紀の半ばすぎに始まった，日本にやってきたポルトガル人やスペイン人との貿易を何といいますか。
［南蛮貿易］

解説 **1** (3) 戦国大名の間に鉄砲が広まると，戦い方や城のつくりなどが変化し，全国統一への動きが加速した。

19 織田信長が目指したことは？

1 （　　）のうち，正しいほうを選びましょう。

(1) （ 尾張・駿河 ）の戦国大名だった織田信長は，桶狭間の戦いで（ 武田・今川 ）氏を破り，勢力を広げました。

(2) 信長は，（ 大阪・安土 ）に城を築き，全国統一の拠点としました。

2 ［　　］にあてはまる語句を書きましょう。

(1) 1573年，織田信長は15代将軍足利義昭を京都から追放して［室町］幕府を滅ぼしました。

(2) 信長は，長篠の戦いで［鉄砲］を有効に使い，甲斐（山梨県）の戦国大名武田勝頼に勝利しました。

(3) 信長は，城下町を経済的に発展させるため，安土で市の税を免除し，特権的な座を廃止しました。この政策を［楽市・楽座］といいます。

(4) 全国統一を目前にして，信長は，［本能］寺で家臣の明智光秀に背かれ，自害しました。

解説 **1** **2** 信長は，自分に敵対する仏教勢力には厳しい態度をとったが，キリスト教は優遇した。

20 豊臣秀吉の政治って？

1 豊臣秀吉が行った政策について，次の問いに答えましょう。

(1) 全国の田畑の面積や土地のよしあしを調べ，百姓に年貢を納めることを義務づけた政策を何といいますか。
［太閤検地（検地）］

(2) 百姓から武器を取り上げた政策を何といいますか。
［刀狩］

(3) (1)や(2)の政策により，武士と百姓との身分の区別が明確になりました。これを何といいますか。
［兵農分離］

2 ［　　］にあてはまる語句を書きましょう。

(1) 秀吉が百姓や寺社から武器を取り上げる政策を行ったのは，［一揆］を防ぐためです。

(2) 秀吉はキリスト教が全国統一の妨げになると考え，［宣教師］の国外追放を命じました。しかし，ポルトガル人らとの［貿易］は認めていたため命令は徹底せず，信者も増え続けました。

(3) 秀吉は［明］（中国）の征服を目指し，その道すじにあたる［朝鮮］に大軍を送りました。

解説 **2** (3) 朝鮮には，2度，大軍が送られ（文禄の役・慶長の役），秀吉の病死をきっかけに全軍が引き揚げた。

21 桃山文化の特徴は？

1 （　　）のうち，正しいほうを選びましょう。

(1) 安土桃山時代には，富を蓄えた（ 公家・大名 ）や大商人の気風を反映した（ 雄大で豪華な・質素で落ち着いた ）文化が生まれました。

(2) 城のふすまや屏風などには，（ 狩野永徳・雪舟 ）らによるきらびやかな絵が描かれました。

2 ［　　］にあてはまる語句を書きましょう。

(1) 右の写真の［姫路］城は，桃山文化の特徴をよく表している雄大な建築で，世界遺産にも登録されています。

（提供：姫路市）

(2) 安土桃山時代には，右の写真に見られるような高くそびえる［天守（天守閣）］をもつ城がつくられるようになりました。

(3) ［千利休］は，わび茶と呼ばれる芸能を完成させました。

(4) 出雲の阿国という女性が始めた［かぶき］踊りは，京都で人気となりました。

解説 **2** (1) 織田信長が拠点とした安土城や豊臣秀吉が拠点とした大阪城にも，高くそびえる天守が築かれた。

22 江戸幕府が大名を従えた方法は？

1 ［　　］にあてはまる語句を書きましょう。

(1) 関ヶ原の戦いに勝利した［徳川家康］は，朝廷から征夷大将軍に任命され，江戸に幕府を開きました。

(2) 江戸時代の，将軍を中心とする幕府と大名が治める藩が全国の土地と民衆を支配するしくみを，［幕藩体制］といいます。

(3) 大名に，1年おきに領地と江戸とを往復させた制度を，［参勤交代］といい，3代将軍の［徳川家光］のときに制度化されました。

2 （　　）のうち，正しいほうを選びましょう。

(1) 江戸幕府は，（ 御成敗式目・武家諸法度 ）というきまりを定めて，（ 大名・朝廷 ）を厳しく統制しました。

(2) 古くからの徳川家の家臣である大名を（ 譜代大名・外様大名 ）といい，関ヶ原の戦いのころから徳川家に従った大名を（ 譜代大名・外様大名 ）といいます。

(3) （ 譜代大名・外様大名 ）は，江戸から遠いところに配置されました。

(4) 大名の領地とそれを支配する組織を（ 国・藩 ）といいます。

解説 **1** (1) 家康は，関ヶ原の戦いで豊臣政権を守ろうとする大名を破り，その12年後，豊臣氏を滅ぼした。

23 鎖国をしたわけは？

1 ［　　］にあてはまる語句を書きましょう。

(1) 江戸時代の初め，渡航を許可する朱印状を発行された大名や豪商の船が，東南アジア各地に出かけて行った貿易を［朱印船］貿易といいます。

(2) 1637年，九州で厳しい禁教と重税に苦しむ人々が一揆を起こしました。これを，［島原・天草］一揆といいます。

(3) 江戸幕府による，禁教・貿易統制・外交独占を政策とする体制を［鎖国］といいます。

2 （　　）のうち，正しいほうを選びましょう。

(1) 1639年，幕府は（ ポルトガル・オランダ ）船の来航を禁止しました。その後，キリスト教の布教を行わない（ ポルトガル・オランダ ）と中国だけが，（ 長崎・神戸 ）で貿易を許されることになりました。

(2) 幕府は，かくれているキリスト教の信者を発見するため，（ 刀狩・絵踏 ）を行いました。

(3) 対馬藩は（ 琉球・朝鮮 ）との貿易を独占することを，幕府から認められ，この地域からは将軍の代がわりなどに，使節が日本に派遣されました。

解説 **2** (3) 朝鮮からの祝いの使節は朝鮮通信使（通信使）と呼ばれ，対馬藩主の案内で江戸を訪れた。

24 江戸時代，どんな都市が栄えた？

1 （　　）のうち，正しいほうを選びましょう。

(1) 江戸時代には，脱穀用の（ 備中ぐわ・千歯こき ）など新しい農具が開発され，作業がしやすくなって，農業の生産力が向上しました。

(2) 江戸時代，都市の商人たちが同業者ごとにつくった組合を（ 座・株仲間 ）といいます。

2 ［　　］にあてはまる語句を書きましょう。

(1) 生産力が高まって余裕ができると，農村では米以外にも綿花や菜種などの［商品作物］が栽培されるようになりました。

(2) 幕府は，全国支配のため，太平洋岸を通って江戸と京都を結ぶ［東海道］をはじめとする五街道を整備しました。

(3) 「将軍のおひざもと」である江戸のほか，大阪と京都は，17世紀後半にはめざましく発展し，合わせて［三都］と呼ばれました。

(4) 大阪は，全国の商業の中心地で「［天下の台所］」と呼ばれ，諸藩が年貢米や特産物を売りさばくため，［蔵屋敷］を置きました。

解説 **1** (2) 座は，鎌倉時代から室町時代にかけて，商人や手工業者などがつくった同業者組合。

25 元禄文化はどんな文化？

本文63ページ

1 ［　　］にあてはまる語句を書きましょう。

(1) 17世紀末から18世紀初めにかけて，京都や［大阪］を中心とする上方で町人を担い手とする文化が栄えました。

(2) 文芸では，［近松門左衛門］が人形浄瑠璃や歌舞伎の脚本に優れた作品を残しました。

(3) ［松尾芭蕉］は各地を旅しながら句を詠み，俳諧（俳句）をりっぱな芸術に高めました。

(4) ［井原西鶴］は，浮世草子と呼ばれる小説で，町人の生活や考えを描きました。

2 （　　）のうち，正しいほうを選びましょう。

(1) 17世紀末ごろから18世紀初めにかけて，上方で栄えた町人文化を（ 化政文化・**元禄文化** ）といいます。

(2) 右の写真は，（ 尾形光琳・**菱川師宣** ）の描いた絵で，このような絵を（ 装飾画・**浮世絵** ）といいます。

(ColBase (https://colbase.nich.go.jp))

解説 **1** (3) 松尾芭蕉の代表作に，東北や北陸を旅して詠んだ句を記した俳諧紀行文，『奥の細道』がある。

26 徳川吉宗が行った改革は？

本文67ページ

1 次の各問いに答えましょう。

(1) 18世紀前半，8代将軍徳川吉宗が行った政治改革を何といいますか。〔 享保の改革 〕

(2) 徳川吉宗は，公正な裁判を行うため，裁判の基準となる法律をつくりました。この法律を何といいますか。〔 公事方御定書 〕

(3) 18世紀には，都市の貧しい人々が，米を買い占めた商人を襲うようになりました。これを何といいますか。〔 打ちこわし 〕

2 ［　　］にあてはまる語句を書きましょう。

(1) 徳川吉宗は，幕府の収入の中心である年貢米を増やすため，［新田開発］を進めました。

(2) 徳川吉宗は，大名に対し，参勤交代で江戸に住む期間を半年に短縮する代わりに，大名に米を納めさせました。これを［上げ米］の制といいます。

(3) 徳川吉宗は，庶民の意見を聞くため［目安箱］を設置しました。

(4) このころ農村では，土地を手放して［小作人］になる者が増えるいっぽう，土地を買い集めて［地主］となる者が現れました。

解説 **1** (3) 打ちこわしは都市の人々，百姓一揆は農民が起こした。どちらも，ききんのときに多発した。

27 松平定信が行った改革は？

本文69ページ

1 ［　　］にあてはまる語句を書きましょう。

(1) 18世紀後半，田沼意次や松平定信は，［老中］という役職について政治を行いました。

(2) 田沼意次は，幕府の収入を増やすため，商人に［株仲間］をつくることをすすめて，特権を認める代わりに営業税を納めさせました。

(3) 松平定信が行った政治改革を［寛政の改革］といいます。

(4) 松平定信は，旗本や御家人の生活難を救うため，商人からの［借金］を帳消しにしました。

(5) 松平定信は，人材育成のため，武士に，幕府の学問所で［朱子学］を学ばせました。

2 （　　）のうち，正しいほうを選びましょう。

(1) 田沼意次は，（ **長崎**・琉球 ）貿易を活発化するため，銅や俵物の輸出を促しました。

(2) 松平定信は，凶作やききんに備えて，村に（ **米**・貨幣 ）を蓄えさせました。

解説 **1** (5) 朱子学は儒学の一派。身分の上下を重んじたことから，幕府の支配に都合がよかった。

28 水野忠邦が行った改革は？

本文71ページ

1 ［　　］にあてはまる語句を書きましょう

(1) 19世紀になると，日本沿岸への外国船の接近があいつぎ，幕府は1825年に［異国船打払令］を出して，外国船の撃退を命じました。

(2) 1837年に大阪で起きた［大塩（大塩平八郎）］の乱は，元役人による反乱だったため，幕府は大きな衝撃を受けました。

(3) 1841年から老中の水野忠邦が，幕府の権力を回復させるために始めた改革を［天保の改革］といいます。

2 水野忠邦の改革について，（　　）のうち，正しいほうを選びましょう。

(1) 物価上昇の原因が，株仲間による営業の独占にあると考え，その（ 結成・**解散** ）を命じました。

(2) 江戸に出かせぎに来ていた（ 商人・**農民** ）を，強制的に故郷の村に帰らせました。

(3) 江戸や大阪の周辺を（ **幕府**・朝廷 ）の直轄地にしようとしましたが，大名や旗本の強い反対で取り消しました。

解説 **1** (2) 大塩平八郎は，天保のききんで苦しむ人々を救おうとしない奉行所に不満をもち，乱を起こした。

29 化政文化ってどんな文化？

本文73ページ

1 化政文化について，（　　）のうち，正しいほうを選びましょう。

(1) 19世紀初めの文化・文政年間に，（ 上方・(江戸) ）で，庶民を担い手とする化政文化が栄えました。

(2) （ 井原西鶴・(十返舎一九) ）は，『東海道中膝栗毛』という小説を書きました。

(3) 浮世絵では，（ (喜多川歌麿)・葛飾北斎 ）が美人画，（ 尾形光琳・(歌川（安藤）広重) ）が風景画に優れた作品を描きました。

2 ［　　］にあてはまる語句を書きましょう。

(1) 化政文化のころは，幕府を批判したり，世相を皮肉ったりする ［川柳］ や狂歌が流行しました。

(2) 18世紀後半，杉田玄白らは，オランダ語の人体解剖書を翻訳し，『［解体新書］』として出版しました。

(3) 18世紀後半，本居宣長は ［国学］ を大成しました。

(4) 19世紀初めには，ヨーロッパの技術を学んだ ［伊能忠敬］ が，幕府の支援を受けて全国の海岸線を測量し，正確な日本地図をつくりました。

解説 2 (1) 川柳は俳諧（俳句）の形（五・七・五），狂歌は短歌の形（五・七・五・七・七）で詠んだもの。

30 欧米で起こった革命とは？

本文77ページ

1 ［　　］にあてはまる語句を書きましょう。

(1) 16世紀～18世紀のイギリスやフランスで，国王が絶対的な権力をもって行っていた政治を，［絶対王政］ といいます。

(2) 17世紀～18世紀のイギリスやアメリカ，フランスでは，それまで支配されていた市民が，自由や平等などの権利を求めて国王などの支配する側の人々をたおす ［市民革命］ が起こりました。

(3) 1688～89年の革命のとき，イギリスでは ［権利（の）章典］ が定められ，世界初の立憲君主制と議会政治が始まりました。

(4) フランスで，革命後の不安定な政治が続く中，1804年に国民投票で皇帝になった ［ナポレオン］ は，ヨーロッパの大部分を支配しました。

2 （　　）のうち，正しいほうを選びましょう。

(1) 17世紀半ば，イギリスでは，クロムウェルを指導者とする（ (ピューリタン革命)・名誉革命 ）が起こりました。

(2) 1776年，イギリスからの独立を目指していたアメリカでは，（ (独立宣言)・人権宣言 ）が発表され，1789年に始まったフランス革命では，（ 独立宣言・(人権宣言) ）が発表されました。

解説 1 (3) 1688年の革命は，国王の処刑や戦乱がなく成功したことから名誉革命という。

31 産業革命って何？

本文79ページ

1 ［　　］にあてはまる語句を書きましょう。

(1) 18世紀後半，イギリスでは ［蒸気機関］ で動く機械が使われ始め，工場での大量生産が可能になりました。

(2) 19世紀になると，イギリスや，イギリスに続いて工業が発達した欧米諸国は，原料の入手先と工業製品の市場を求めて，［アジア］ やアフリカを侵略していきました。

2 次の問いに答えましょう。

(1) 世界にさきがけてイギリスで起こった，工場での機械生産が始まるなどの技術の向上によって社会全体が変化することを何といいますか。

〔 産業革命 〕

(2) (1)によって広がった，資本家が労働者を雇い，利益の拡大を目的として生産するしくみを何といいますか。

〔 資本主義 〕

(3) 1840年，アヘンの密輸に抗議した清に対してイギリスが起こした戦争を何といいますか。

〔 アヘン戦争 〕

解説 2 (2) 資本主義で生じた貧富の差を解決しようと，平等な社会を目指す思想の社会主義が生まれた。

32 ペリーが来航してどうなった？

本文81ページ

1 次の問いに答えましょう。

(1) 1853年，浦賀に来航し，日本に開国を求めたアメリカの使節は誰ですか。

〔 ペリー 〕

(2) 1854年，日本とアメリカとの間で結ばれた条約を何といいますか。

〔 日米和親条約 〕

(3) 1858年，朝廷の許しを得ないまま日米修好通商条約を結んだ大老は誰ですか。

〔 井伊直弼 〕

2 次の問いに答えましょう。また，［　　］にあてはまる語句を答えましょう。

(1) 1854年に幕府がアメリカと結んだ条約で開かれた2港を次のア～オから選び，記号で答えましょう。

ア 長崎　イ 神奈川　ウ 下田　エ 函館　オ 兵庫

〔 ウ・エ 〕

(2) 日米修好通商条約は，日本に滞在するアメリカ人の犯罪をアメリカの法律で裁判する権利の ［①］ 権をアメリカに認め，輸出入品の関税率を決める権利である ［②］ 権が日本にない不平等な条約でした。

① 〔 領事裁判 〕　② 〔 関税自主 〕

解説 1 (3) このの5，幕府を批判した人々を処罰した井伊直弼は，1860年に暗殺された（桜田門外の変）。

33 大政奉還が行われたわけは？

本文83ページ

1 ［　　］にあてはまる語句を書きましょう。

(1) 開国後，天皇を敬い外国勢力を追い払おうとする［尊王攘夷］運動が激しくなりました。

(2) 1866年，木戸孝允らが実権を握った［長州］藩と，西郷隆盛らが実権を握った［薩摩］藩が，同盟を結び，倒幕へと動き出しました。

(3) 1867年，江戸幕府の15代将軍［徳川慶喜］は政権を朝廷に返し，260年余り続いた幕府は滅びました。

(4) 1868年に始まった，旧幕府軍と新政府軍との戦いを［戊辰戦争］といいます。

2 （　　）のうち，正しいほうを選びましょう。

(1) 1867年，江戸幕府の15代将軍が政権を朝廷に返す（ 大政奉還 ・王政復古の大号令 ）を行うと，朝廷では岩倉具視らが中心となって，天皇を中心とする政府の樹立を宣言する（ 大政奉還・ 王政復古の大号令 ）を出しました。

(2) 1868年に始まった，旧幕府軍と新政府軍との戦いは，翌年，（ 新政府軍 ・旧幕府軍 ）の勝利で終わりました。

解説 1 (2) 薩長同盟を仲介した土佐藩（高知県）出身の坂本龍馬らは，大政奉還の実現にも力を尽くした。

34 明治維新で変わったことは？

本文85ページ

1 ［　　］にあてはまる語句を書きましょう。

(1) 1868年，新政府は，天皇が神に誓うという形で新しい政府の方針を示しました。これを，［五箇条の御誓文］といいます。

(2) 明治新政府は，欧米諸国に対抗するため，経済を発展させ，強い軍隊をもつことを目指しました。このための政策を［富国強兵］といいます。

(3) 1872年，すべての国民に小学校教育を受けさせるため［学］制を発布(公布)しました。

(4) 1873年，近代的軍隊をつくるために［徴兵］令が出され，満20歳になった男子が兵役の義務を負うことになりました。

(5) 欧米の文化がさかんに取り入れられたことで，都市を中心に見られた伝統的な生活の変化を［文明開化］といいます。

2 （　　）のうち，正しいほうを選びましょう。

(1) 1871年，藩を廃止して県を置く（ 版籍奉還・ 廃藩置県 ）が行われ，政府が強い権限をもち，地方を直接治める中央集権の基礎が築かれました。

(2) （ 財政収入 ・農民の生活 ）の安定を目指した地租改正では，（ 耕作者・ 土地所有者 ）が，（ 収穫高・ 地価 ）の3％を（ 現金 ・収穫物 ）で納めることになりました。

解説 1 (5) このころ，福沢諭吉や中江兆民は，欧米でさかんだった自由や平等の思想を日本に紹介した。

35 日本の領土はどのように決まったの？

本文87ページ

1 次の問いに答えましょう。

(1) 幕末に欧米諸国と結んだ不平等条約の改正を目指し，新政府が1871年に欧米に派遣した使節団を何といいますか。［岩倉使節団］

(2) (1)の使節団が帰国したとき，政府内で，西郷隆盛や板垣退助らが唱えていた，武力を用いてでも朝鮮に開国をせまる主張を何といいますか。［征韓論］

(3) 1871年に，日本が清と結んだ対等な内容の条約を何といいますか。［日清修好条規］

(4) 1876年に，日本が朝鮮と結び，朝鮮を力で開国させた条約を何といいますか。［日朝修好条規］

2 （　　）のうち，正しいほうを選びましょう。

(1) 1875年，日本はロシアと樺太・千島交換条約を結び，（ 樺太 ・千島列島 ）をロシア領，（ 樺太・ 千島列島 ）を日本領として，国境を画定しました。

(2) 1895年，内閣は尖閣諸島の（ 島根県・ 沖縄県 ）への編入を，1905年には，竹島の（ 島根県 ・沖縄県 ）への編入を決定しました。

解説 1 (1) 岩倉使節団には，のちに女子教育に力を尽くした津田梅子も女子留学生として同行した。

36 自由民権運動の中心人物は？

本文89ページ

1 次の問いに答えましょう。

(1) 1874年に板垣退助らによって政府に提出された，専制政治を批判し，国会の開設を求める意見書を何といいますか。［民撰議院設立 の建白書］

(2) (1)の提出をきっかけに始まった，国民の意見を政治に反映させるため，国会の開設を要求する運動を何といいますか。［自由民権運動］

(3) 板垣退助とともに政府を去った西郷隆盛が，1877年に，鹿児島の不平士族とともに起こした，士族の反乱を何といいますか。［西南戦争］

(4) 1889年に発布された憲法を何といいますか。［大日本帝国憲法］

2 （　　）のうち，正しいほうを選びましょう。

(1) 板垣退助は（ 自由党 ・立憲改進党 ），大隈重信は（ 自由党・ 立憲改進党 ）を結成しました。

(2) 1885年に内閣制度ができ，（ 大久保利通・ 伊藤博文 ）が初代内閣総理大臣に就任しました。

(3) 1889年に発布された憲法で，主権は（ 天皇 ・国民 ）にあると定められました。

解説 1 (4) この翌年に最初の衆議院議員総選挙が実施され，その後，第1回帝国議会が開かれた。

37 日清戦争のきっかけは？

本文 91 ページ

1 (　　) のうち，正しいほうを選びましょう。

(1) 日清戦争は，1894年に (中国・(朝鮮)) で起こった甲午農民戦争をきっかけに始まりました。

(2) 勝利した日本は，清から ((台湾)・朝鮮) を獲得し，植民地として支配しました。

2 [　　] にあてはまる語句を書きましょう。

(1) 日清戦争の講和条約を [下関条約] といいます。

(2) 日清戦争の講和条約で，清は，巨額の賠償金とともに，満州の入り口にあたる [遼東] 半島などを日本に譲り渡しました。

(3) 日清戦争の講和条約が結ばれた直後，[ロシア] は，ドイツやフランスとともに，日本が獲得した [遼東] 半島の清への返還を求めてきました。

(4) (3)のできごとを [三国干渉] といいます。

解説 **2** (2) 清からの賠償金は，当時の日本の国家予算の約3.6倍もあり，多くが軍備の拡張に使われた。

38 日露戦争が起こったわけは？

本文 93 ページ

1 (　　) のうち，正しいほうを選びましょう。

(1) 日清戦争後，日本とロシアは，(台湾・(満州)) や朝鮮をめぐって対立を深めました。

(2) 日露戦争の講和条約は，((アメリカ)・イギリス) の仲立ちで結ばれました。

(3) 日露戦争の講和条約で日本は，((樺太)・台湾) の南半分，南満州の鉄道の利権や，(清・(韓国)) における優越権を獲得しました。

2 [　　] にあてはまる語句を書きましょう。

(1) 1902年に [日英] 同盟が成立したのち，日本とロシアの対立がさらに深まり，1904年に日露戦争が始まりました。

(2) 日露戦争の講和条約を [ポーツマス] 条約といいます。

(3) 日露戦争で増税などの負担に苦しんだ国民は，講和条約でロシアから [賠償金] が得られないことがわかると，激しく政府を攻撃しました。

(4) 1910年，日本は [韓国] を併合し，日本の植民地としました。

解説 **2** (1) 歌人の与謝野晶子は，出兵した弟を思い「君死にたまふことなかれ」という詩を発表した。

39 第一次世界大戦はなぜ起こった？

本文 97 ページ

1 [　　] にあてはまる語句を書きましょう。

(1) 19世紀末，資本主義の発達した欧米諸国は，軍事力を背景にきそって植民地を広げていきました。このような動きを [帝国主義] といいます。

(2) 20世紀初め，ヨーロッパの国々は「ヨーロッパの [火薬庫] 」と呼ばれるバルカン半島をめぐって対立しました。

(3) 第一次世界大戦中の1917年，[ロシア] で革命が起こり，史上初の社会主義の政府が成立しました。

(4) 日本は，[日英同盟] に基づいて，ドイツに宣戦布告しました。

2 (　　) のうち，正しいほうを選びましょう。

(1) 19世紀末になるとヨーロッパでは，ドイツ・オーストリア・イタリアによる (三国協商・(三国同盟)) と，イギリス・フランス・ロシアによる ((三国協商)・三国同盟) が，対立を深めました。

(2) 1914年，((サラエボ)・セルビア) で起こったオーストリアの皇位継承者夫妻の暗殺をきっかけに，第一次世界大戦が始まりました。

(3) 1918年に ((同盟国側)・連合国側) が降伏し，翌年，講和会議が開かれ，(ロンドン・(ベルサイユ)) 条約が結ばれました。

解説 **2** (3) ベルサイユ条約で，ドイツは領土の一部とすべての植民地を失い，巨額の賠償金を課された。

40 大戦後，世界はどうなった？

本文 99 ページ

1 [　　] にあてはまる語句を書きましょう。

(1) 1920年，アメリカ大統領 [ウィルソン] の提案で，世界平和と国際協調を目的とする [国際連盟] が発足しました。

(2) 1919年，第一次世界大戦の敗戦国ドイツで，男女普通選挙や労働者の団結権などを保障した [ワイマール] 憲法が制定されました。

(3) 1921から22年にかけて，アメリカの呼びかけで，軍縮を目指して [ワシントン] 会議が開かれ，海軍の軍備が制限されました。

(4) 第一次世界大戦後，インドでは，[ガンディー] の指導で，イギリスに対して完全な自治を求める「非暴力・不服従」の抵抗運動が高まりました。

2 (　　) のうち，正しいほうを選びましょう。

(1) 1919年，パリ講和会議で日本の二十一か条の要求の取り消しが認められなかったことをきっかけに，中国で (三・一独立運動・(五・四運動)) が起こりました。

(2) 1919年，朝鮮で，日本からの独立を宣言した人々が「独立万歳」を叫んでデモ行進する，((三・一独立運動)・五・四運動) が起こりました。

解説 **1** (1) 国際連盟は，アメリカが加盟せず，紛争の解決手段は限られ，その影響力は大きくなかった。

41 大正デモクラシーって何？

1 [　　] にあてはまる語句を書きましょう。

(1) 大正時代にさかんになった，民主主義（デモクラシー）を求める風潮を，[大正デモクラシー] といいます。

(2) 政治学者の吉野作造は，普通選挙によって政治に国民の意見を反映させることを主張する [民本主義] を唱え，(1)の風潮を理論的に支えました。

(3) 1918年，内閣が米騒動によって退陣すると，[原敬] が内閣を組織しました。これは，初めての本格的な [政党内閣] でした。

(4) 1925年，選挙権資格に納税額による制限を撤廃した [普通選挙] 法が成立しました。

(5) (4)と同年，共産主義などを取り締まる [治安維持] 法が制定されました。

2 (　　) のうち，正しいほうを選びましょう。

(1) 1925年に普通選挙法が成立し，(20歳・(25歳)) 以上のすべての ((男子)・男女) に選挙権が認められました。

(2) 社会運動がさかんになった大正時代には，(津田梅子・(平塚らいてう)) が，女性の政治活動の自由などを求める運動を広げました。

(3) 被差別部落の人々は，差別からの解放を求めて ((全国水平社)・青鞜社) を結成し，運動は全国に広がりました。

解説 **2** (2)(3) 青鞜社は明治時代末に平塚らいてうらが結成し，女性解放を主張した女性のみの文学者団体。

42 世界恐慌はどこで始まった？

1 [　　] にあてはまる語句を書きましょう。

(1) 1929年，不景気が世界中に広がり，[世界恐慌] になりました。

(2) (1)に対して，アメリカでは，ローズベルト大統領のもと，公共事業を起こして失業者を助ける [ニューディール]（新規巻き直し）という政策が始まりました。

(3) (1)に対して，イギリスやフランスでは，本国と植民地の結びつきを強化して植民地との貿易を拡大し，それ以外の国からの商品は高い税をかけて締め出す [ブロック経済] が行われました。

(4) (1)のあと，ドイツやイタリアでは，民主主義や個人の自由を認めない独裁的な政治体制である [ファシズム] が台頭しました。

2 (　　) のうち，正しいほうを選びましょう。

(1) 1929年に世界中に広がった不景気は，((アメリカ)・ドイツ) での株価の大暴落がきっかけでした。

(2) ドイツでは，(ムッソリーニ・(ヒトラー)) の率いるナチスが政権を握って独裁体制をとり，軍備の増強を進めました。

解説 **2** (2) ヒトラーは，ドイツが巨額な賠償金の負担と世界恐慌で経済が混乱する中，政権を握った。

43 日中戦争はどうして始まった？

1 [　　] にあてはまる語句を書きましょう。

(1) 1931年，満州にいた関東軍が，南満州鉄道の線路を爆破して始めた軍事行動を何といいますか。〔満州事変〕

(2) (1)によって満州の主要地域を占領した関東軍が，1932年に建国を宣言した国を何といいますか。〔満州国〕

(3) 1933年，満州からの撤兵勧告に反発して，日本が脱退した国際機関を何といいますか。〔国際連盟〕

(4) 日中戦争が始まった翌年の1938年に制定された，政府が議会の承認なしに国民や物資を戦争に動員できるようにした法律を何といいますか。〔国家総動員法〕

2 (　　) のうち，正しいほうを選びましょう。

(1) 1932年，海軍の青年将校らによる ((五・一五事件)・二・二六事件) で犬養毅首相が暗殺され，政党内閣の時代が終わりました。

(2) 1936年，陸軍の青年将校らが大臣などを殺傷し，東京の中心部を占拠する (五・一五事件・(二・二六事件)) が起こりました。

(3) (1)と(2)の事件のあと ((軍部)・議会) は，政治的発言力を強めました。

解説 **1** (2) 満州国には，開拓と防衛のため，不景気が続く日本の農村から集団での移民が進められた。

44 第二次世界大戦の終結はいつ？

1 (　　) のうち，正しいほうを選びましょう。

(1) 1939年，ポーランドに侵攻した ((ドイツ)・ソ連) に対し，イギリスやフランスが宣戦布告して，第二次世界大戦が始まりました。

(2) 1940年，日本とドイツ，((イタリア)・ソ連) の三国は軍事同盟を結び，結束を強化しました。

(3) 1945年3月，アメリカ軍が ((沖縄)・広島) に上陸し，民間人を巻き込む激しい戦闘が行われ，県民の約4分の1が犠牲になりました。

2 [　　] にあてはまる語句を書きましょう。

(1) 1941年12月，日本軍が，ハワイの [真珠] 湾にあるアメリカの海軍基地へ奇襲攻撃するとともに，イギリス領のマレー半島へ上陸して，[太平洋] 戦争が始まりました。

(2) 1945年8月，アメリカ軍は，広島と長崎へ [原子爆弾（原爆）] を投下し，両都市の中心部は壊滅して多くの人々が犠牲になりました。

(3) 1945年8月14日，日本は [ポツダム宣言] を受け入れて降伏することを決め，15日に昭和天皇がラジオ放送（玉音放送）でこの決定を国民に知らせました。

解説 **1** (1) ドイツはそれまで対立していたソ連と独ソ不可侵条約を結び，ポーランドに侵攻した。

45 戦後，行われた改革とは？

本文111ページ

1 (　　) のうち，正しいほうを選びましょう。

(1) 日本は，(**アメリカ**・ソ連) を中心とする連合国軍に占領され，(**民主化**・軍事化) を進める戦後改革が行われました。

(2) 選挙法が改正され，(**20歳以上**・25歳以上) の (男子・**男女**) に選挙権が与えられました。

2 [　　] に当てはまる語句を書きましょう。

(1) 戦後改革は，[マッカーサー] を最高司令官とする連合国軍最高司令官総司令部 ([GHQ]) の指令に従って，日本政府が政策を実施する形で行われました。

(2) 日本の経済を支配していた [財閥] は解体されました。

(3) 農村では，地主がもつ小作地を政府が強制的に買い上げ，小作人に安く売り渡す，[農地改革] が行われ，多くの [自作農] が生まれました。

(4) 男女共学や義務教育の延長などを定め，民主主義の教育の基本を示す [教育基本法] が制定されました。

(5) 1946年11月3日，[国民主権]，[基本的人権] の尊重，平和主義を三つの基本原理とする日本国憲法が公布されました。

解説 **2** (2) 財閥は，明治～昭和時代初めにかけて日本経済を支配した大資本家グループ。三井・三菱など。

46 冷たい戦争って何？

本文113ページ

1 [　　] に当てはまる語句を書きましょう。

(1) 1945年10月，戦争を防ぎ，平和を守るための新たな国際的な組織である [国際連合] が発足しました。

(2) 第二次世界大戦後，[アメリカ] を中心とする資本主義の西側と，[ソ連 (ソビエト連邦)] が率いる共産（社会）主義の東側の対立が始まりました。

(3) (2)の対立は，実際の戦争と対比して「[冷たい戦争(冷戦)]」と呼ばれます。

(4) 朝鮮では，南に [韓国 (大韓民国)]，北に [北朝鮮 (朝鮮民主主義人民共和国)] が成立し，1950年に [朝鮮] 戦争が始まりました。

2 (　　) のうち，正しいほうを選びましょう。

(1) 西側陣営と東側陣営の対立が始まり，
西側では (**北大西洋条約機構**・ワルシャワ条約機構)，
東側では (北大西洋条約機構・**ワルシャワ条約機構**)
という軍事同盟がつくられました。

(2) 中国では毛沢東を主席とする (中華民国・**中華人民共和国**) が成立しました。

(3) 西側陣営と東側陣営の対立の影響で (**ドイツ**・イタリア) が東西に分かれて独立しました。

解説 **1** (4) 朝鮮戦争では在日アメリカ軍が出兵し，GHQの指令で警察予備隊（現在の自衛隊）がつくられた。

47 日本が独立を回復したのはいつ？

本文115ページ

1 [　　] に当てはまる語句を書きましょう。

(1) 1951年，日本はアメリカなど48か国と [サンフランシスコ平和] 条約を結び，翌年，条約が発効して日本は独立を回復しました。

(2) (1)の条約と同時に，[日米安全保障 (日米安保)] 条約が結ばれ，引き続き，[アメリカ(米)] 軍基地が日本国内に残されることになりました。

(3) 1956年，日本とソ連は [日ソ共同宣言] を調印して国交を回復し，同年，日本は [国際連合] に加盟し，国際社会に復帰しました。

(4) 1965年，日本は，韓国と [日韓基本] 条約を結び，韓国を朝鮮半島唯一の政府として承認しました。

2 (　　) のうち，正しいほうを選びましょう。

(1) 戦後，アメリカが直接統治していた (北方領土・**沖縄**) と小笠原諸島は，日本の独立回復後も，引き続きアメリカの統治下に置かれました。

(2) 1972年，(**日中共同声明**・日中平和友好条約) によって，日本と中国の国交が正常化しました。

(3) 1978年には (日中共同声明・**日中平和友好条約**) が結ばれ，日本と中国の関係はさらに深まりました。

解説 **2** (1) 沖縄は，日本と中国が国交を正常化したのと同じ年の1972年に，日本に復帰した。

48 石油危機は何をもたらした？

本文117ページ

1 [　　] に当てはまる語句を書きましょう。

(1) 日本の経済が急激な成長を続けていた1964年，東京で [オリンピック・パラリンピック] が開かれました。

(2) 1973年，西アジアで，イスラエルとアラブ諸国との間の戦争である第四次 [中東戦争] が起こったことで [石油] の価格が急上昇し，先進工業国の経済は大きな打撃を受け，深刻な不況になりました。

(3) (2)で先進工業国の経済が受けた大きな打撃を [石油危機 (オイル・ショック)] といいます。

(4) (3)によって，日本では，1950年代半ばから続いていた [高度経済成長] が終わりました。

(5) 1989年，冷戦の象徴であった [ベルリンの壁] が，市民によって取りこわされました。

2 (　　) のうち，正しいほうを選びましょう。

(1) 1989年，アメリカと (**ソ連**・中国) の首脳が冷戦の終結を宣言しました。

(2) 1990年，冷戦を背景に東西に分かれて独立していた (朝鮮・**ドイツ**) が統一し，翌年には，(アメリカ・**ソ連**) が解体しました。

解説 **1** (4) 高度経済成長によって，過疎・過密，交通渋滞などの問題が起こり，公害問題も深刻化した。

復習テスト 1 (本文16～17ページ)

1 (1) イ　(2) ① ア　② ウ
(3) ウ

解説

(1) 地図中のAはナイル川流域でおこったエジプト文明。問題文のアはインダス文明，ウはメソポタミア文明について述べている。

(2) ①は，地図中アのメソポタミア文明でつくられたくさび形文字。②は，地図中ウの中国文明でつくられた甲骨文字。地図中イはインダス文明。

2 (1) エ　(2) イ，エ（順不同）

解説

(1) 朝鮮半島から移り住んだ人々が九州北部に伝えた稲作は，弥生時代に東北地方にまで広まった。

(2) イは弥生時代につくられたつりがね型の青銅器。エは高床倉庫。収穫した稲をここに蓄えた。アは古墳時代に古墳の頂上や周りに置かれた埴輪。ウは縄文時代につくられた土偶。

3 (1) **大和政権（ヤマト王権）**
(2) **邪馬台国**
(3) B → C → A

解説

(3) Aは3世紀後半。Bは1世紀中ごろ（57年）。Cは3世紀の前半（239年）。

4 (1) **聖徳太子**　(2) **十七条の憲法**
(3) **公地・公民**　(4) **天武天皇**
(5) **大宝律令**　(6) ① ア　② イ

解説

(4) 壬申の乱は天智天皇のあとつぎをめぐる争い。勝利して即位したのは天智天皇の弟の天武天皇。

(5) 大宝律令の制定で，日本は律令に基づいて政治を行う律令国家になった。

(6) ①遣隋使の派遣は聖徳太子の政策の1つ。②は，白村江の戦い。このとき大軍を送ったのは大化の改新を始めた中大兄皇子（のちの天智天皇）。

復習テスト 2 (本文28～29ページ)

1 (1) **奈良時代**
(2) B **征夷大将軍**　C **太政大臣**
(3) **藤原道長**
(4) **例娘を天皇のきさきにし，その子を次の天皇に立てた。（娘を天皇のきさきにし，その子を次の天皇に立ててその摂政や関白となった。）**
(5) ① **院政**
② 法－**墾田永年私財法**
原則－**公地・公民**
③ Ⅰ エ　Ⅱ ア

解説

(2) Bこのときの征夷大将軍は，蝦夷を征服するための総司令官で臨時の役職。のちに武家政権の総大将を表すようになる。C平清盛は，武士として初めて太政大臣になった人物。

(4) **［資料2］**より，道長の4人の娘がすべて天皇のきさきになっていることを読み取る。

(5) Ⅰ院政の開始は1086年で，藤原氏の摂関政治のあと。Ⅱ墾田永年私財法が出されたのは743年。

2 (1) **聖武天皇**
(2) **例仏教の力で国を守ろう**
(3) **遣唐使**　(4) **天平文化**

解説

(1) 奈良時代の天皇は，「聖武天皇」を押さえる。

(4) 「天平」は，聖武天皇のころの元号（年号）。当時の建築や彫刻，工芸品は，東大寺や興福寺・唐招提寺など，現在も奈良の寺院に残されている。

3 (1) ア・エ（順不同）　(2) **浄土**
(3) ① **国風文化**　② **仮名文字**

解説

(1) 天台宗を伝えた最澄は比叡山（滋賀県・京都府）に延暦寺を，真言宗を伝えた空海は高野山（和歌山県）に金剛峯(峰)寺を建てた。

(3) 仮名文字を用いて，清少納言は随筆『枕草子』を，紫式部は長編小説『源氏物語』を著した。

復習テスト 3 (本文40〜41ページ)

1
(1) **源頼朝**
(2) ① **御成敗式目（貞永式目）**　② **守護**
(3) C ウ　D ア　E イ
(4) ① Ⅰ **北条時宗**　Ⅱ **承久の乱**
② Ⅰ イ　Ⅱ ア　Ⅲ エ

解説

(1) 源頼朝は，平氏滅亡後に対立した弟の義経をとらえることを口実に朝廷にせまり，国ごとに守護，荘園や公領ごとに地頭を置くことを認めさせた。

(3) 室町幕府の将軍では，幕府を開いた足利尊氏，日明貿易（勘合貿易）を始めた足利義満，あとつぎ問題が応仁の乱のきっかけになった足利義政の3人を押さえる。なお，足利義満は金閣，足利義政は銀閣を建てた将軍でもある。**エ**の足利義昭は室町幕府最後の将軍（15代）。

(4) Ⅰ元軍の襲来は1274年と1281年で，８代執権北条時宗のとき。Ⅱ承久の乱は1221年。その後まもなく御成敗式目が制定される。Ⅲ南北朝時代の始まりは，建武の新政が崩れたあと。

2
(1) ① イ　② エ　③ ア　④ ウ
(2) **禅宗**
(3) 浄土真宗－イ　日蓮宗－ウ

解説

(1) 戦乱やききんが続いた鎌倉時代には，人々の心のよりどころとして，わかりやすく信仰しやすい新しい仏教が生まれた。

(3) **ア**は一遍の時宗，**エ**は奈良時代の仏教。

3
(1) **金剛力士像**
(2) **水墨画**
(3) 鎌倉時代－ウ　室町時代－イ

解説

(2) **[B]** は，禅宗の僧である雪舟が描いた水墨画。雪舟は，中国の明で技法を学び，帰国後，日本の水墨画を完成させた。

(3) **ア**は聖武天皇の時代（奈良時代）の天平文化，**エ**は聖徳太子のころの飛鳥文化の特徴。

復習テスト 4 (本文54〜55ページ)

1
(1) **十字軍**　(2) エ　(3) イ
(4) ① **宗教**　② **ザビエル**
(5) ① **ルネサンス**　② ア

解説

(1) ローマ教皇の呼びかけに応じた，西ヨーロッパの諸国の王や貴族が，十字軍を組織した。エルサレムは，現在のイスラエルにある都市。

(2) スペインは，ポルトガルと新航路の開拓を競っていた。スペインはコロンブスの航海をきっかけにアメリカ大陸に進出し，アステカ王国やインカ帝国を征服して植民地を築いた。

(3) バスコ・ダ・ガマはポルトガルの航海者。コロンブスが目指していた，ヨーロッパとインドを直接つなぐ航路を発見した。

(4)① 1517年にドイツでルターが宗教改革を始めた。スイスで始めたのはカルバンで1541年のこと。

(5) ルネサンスの始まりは14世紀。

2
(1) **織田信長**－A，D
豊臣秀吉－B，C（どちらも順不同）
(2) **楽市・楽座**
(3) **例武士と百姓の身分の区別が明確になること。（または）武士と百姓を区別すること。（百姓を農民としても正解）**
(4) 兵器－**鉄砲**　国－イ
(5) **桃山文化**
(6) ① ウ　② ア　③ エ

解説

(2) **[資料１]** は，安土の城下で出された楽市令の一部。安土（滋賀県）に信長が築いた安土城は巨大な天守をもち，全国統一の拠点とされた。

(3) Bは太閤検地，Cは刀狩。この二つの政策によって進んだのが兵農分離。

(4) Dは長篠の戦い。**[資料２]** の左側が織田・徳川の連合軍。

(6) **イ**大和絵は，国風文化が栄えた平安時代に生まれた，日本独自の絵画。

復習テスト 5 (本文64～65ページ)

1

(1) **徳川家康**

(2) **征夷大将軍**

(3) 例**江戸から遠い地域に配置された。**

(4) ① **武家諸法度**　② **参勤交代**

(5) ① ウ　② エ

解説

(1) 関ヶ原の戦いは，徳川家康と，豊臣秀吉の死後も豊臣政権を守ろうとした石田三成らの戦い。

(3) 外様大名は関ヶ原の戦いのころから徳川氏に従った大名。要職にはほとんどつけなかった。

(4)② 参勤交代には，将軍と大名の主従関係を確認するという意味があり，結果的に大名を財政的に圧迫した。

(5)② **ア**～**エ**はすべて江戸時代に普及した農具。**ア**備中ぐわは，刃の先が3～4本に分かれているのが特徴。**イ**からさおと**エ**千歯こきは，脱穀のための農具。からさおは麦などをたたいて脱穀した。千歯こきで脱穀できなかった稲もこれでたたいた。**ウ**唐箕は風力を利用して，米つぶ・もみがら・ごみを効率よく選別する農具。

2

(1) **朱印船貿易**

(2) B エ　C イ

(3) 一揆－**島原・天草一揆**

時期－イ

(4) X－ア　Y－**出島**

解説

(1) 問題文の「東南アジアへの渡航を許可する証書」とは「朱印状」のこと。

(4) 鎖国の体制下で，**イ**対馬藩は朝鮮との貿易の独占を，**ウ**松前藩は蝦夷地(北海道)のアイヌ民族との交易の独占を幕府から認められた。朝鮮からは将軍の代がわりなどに朝鮮通信使が派遣された。

3

(1) **元禄文化**

(2) ① イ　② オ　③ ア　④ エ

解説

(1)(2) ①～④の人物のほか，蒔絵や屏風などに，大和絵の伝統を生かした新しい装飾画を描いた，尾形光琳も押さえておこう。

復習テスト 6 (本文74～75ページ)

1

(1) ① **享保の改革**

② **公事方御定書**　③ エ

(2) C イ　D ウ

(3) A オ　B ウ　C ア　D イ

(4) **異国船打払令**

(5) ① ウ　② イ

解説

(1)③ 百姓一揆は江戸時代。室町時代に農民などが起こしたものは**イ**の土一揆。**ア**打ちこわしは，江戸時代，都市の人々による集団での抵抗。**ウ**一向一揆は，戦国（室町）時代に浄土真宗（一向宗）の信仰で結びついた武士や農民が起こした。

(2) **ア**新井白石は，6・7代将軍に仕えた儒学者で，正徳の治と呼ばれる政治を行った。**エ**徳川綱吉は，生類憐みの令を出した5代将軍。

(3) **ア**～**オ**は，江戸時代に行われた幕府政治を立て直すための主な政策。**ウ**田沼意次の政策の特徴は，財政の立て直しに，商工業者の力を利用したこと。**エ**は5代将軍徳川綱吉のときの政策。

(5)① 大塩の乱は天保のききんの最中の1837年。

② 天明のききんは，田沼の政治が行き詰まるきっかけの1つになった。

2

(1) **化政文化**　(2) ア　(3) イ

(4) ① Ⅰ イ　Ⅱ ア

② Ⅰ エ　Ⅱ ア　Ⅲ イ

解説

(1) 化政文化は，栄えた当時の二つの元号，文化と文政から1字ずつ取って名づけられた。

(3) この文化での風景画の浮世絵師は，葛飾北斎と**ウ**歌川（安藤）広重。北斎は富士山を多く描いた。**ア**喜多川歌麿は美人画。**エ**菱川師宣は元禄文化で活躍し，「見返り美人図」を描いた浮世絵の祖。

(4)① **エ**陽明学は儒学の1つ。大塩の乱を起こした大塩平八郎は陽明学者でもあった。

② **ウ**十返舎一九は，化政文化が栄えたころに活躍した作家。代表作は，東海道の旅をおもしろおかしく描いた『東海道中膝栗毛』。

復習テスト 7 （本文94～95ページ）

1
(1) ① **権利章典（権利の章典）**　② **D**
③ **A　イギリス　B　アメリカ**
C　イギリス
④ **モンテスキュー**
(2) **イギリス**
(3) **ア，ウ**（順不同）

解説
(1)① 市民革命で出されたものは，ほかに，アメリカの独立戦争での「独立宣言」，フランス革命での「人権宣言」。権利章典は，政治の中心が「議会」にあることを示すもの。
④ モンテスキューが主張した国の権力を三つに分けるしくみを「三権分立」という。啓蒙（けいもう）思想家としてほかに，抵抗（ていこう）権を主張したロック，人民主権を主張したルソーを押（お）さえる。
(3) **イ**は，15世紀の大航海時代の先がけとなった国の1つ，スペインの動き。アメリカ大陸で栄えていたアステカ王国やインカ帝国（ていこく）をたおして植民地を築いた。**エ**は，19世紀のロシアの動き。

2
(1) **日米和親条約**
(2) **五箇条（ごかじょう）の御誓文（ごせいもん）**
(3) 例**財政を安定させるため。**
(4) **d　イ　e　エ　f　ア**
(5) **賠償金（ばいしょうきん）**
(6) ① **ア**　② **A→C→D→B**

解説
(1) 江戸幕府（えどばくふ）は，日米和親条約を結んで開国し，4年後，日米修好通商条約を結んで貿易が始まった。この日米修好通商条約は，日本に不平等な条約で，その改正が明治（めいじ）新政府の大きな課題となった。
(3) 地租（ちそ）改正では，「地価（ちか）（土地の価格）の3％を土地所有者に現金で納めさせた」ことが重要。
(5) ポーツマス条約は日露（にちろ）戦争の講和条約。日清（にっしん）戦争の講和条約は下関（しものせき）条約で，このとき日本は，巨額（きょがく）の賠償金を獲得（かくとく）した。
(6) ②韓国併合（かんこくへいごう）は，日露戦争のあとの1910年のこと。

復習テスト 8 （本文108～109ページ）

1
(1) **三国協商**　(2) **バルカン半島**
(3) **二十一か条の要求**
(4) ① **同盟国**
② **A　オ　B　ウ　C　イ　D　エ**

解説
(1) バルカン半島をめぐる，イギリス・ロシア・フランスによる三国協商と，ドイツ・オーストリア・イタリアによる三国同盟の対立が，第一次世界大戦に発展するが，イタリアは，開戦時は参戦せず，のちに三国協商（連合国）側で参戦した。
(3) 第一次世界大戦中の日本の動きとして，二十一か条の要求は重要。第一次世界大戦で欧米（おうべい）諸国のアジアへの影響（えいきょう）が弱まっていたことを利用して中国（ちゅうごく）での権益拡大を目指した日本は，軍事力を背景に要求の大部分を認めさせた。
(4)② **C**の三・一（さん・いち）独立運動と，同年に中国で起こった反日・反帝国（ていこく）主義運動である五・四（ご・し）運動を区別しておこう。

2
(1) **大正デモクラシー**
(2) **政党内閣**　(3) **ア**
(4) 例**植民地との貿易を増やし，それ以外の国の商品を締（し）め出した。**
(5) ［語句］**国際連盟**　［時期］**ウ**
(6) **満州（まんしゅう）**
(7) ① **ドイツ**　② **イタリア**
（①②は順不同）

解説
(1) 大正（たいしょう）時代は1912年から1926年まで。
(2) 原敬（はらたかし）内閣は，米騒動（こめそうどう）のあとに成立した。
(3) ベルサイユ条約は，フランスのパリ郊外のベルサイユ宮殿（きゅうでん）で調印された。
(4) 世界恐慌（きょうこう）への各国の対策として，アメリカのニューディール政策，イギリスやフランスのブロック経済を押（お）さえておこう。
(5) 国際連盟の成立は，ベルサイユ条約の翌年の，1920年のこと。
(6) 当時，中国東北部は満州と呼ばれていた。

復習テスト 9 （本文118～119ページ）

1
(1) GHQ　(2) 農地改革
(3) 例多くの自作農が生まれた。
(4) 財閥　(5) ウ
(6) 日本国憲法　(7) エ

解説

(1) 戦後改革は，GHQ（連合国軍最高司令官総司令部，連合国軍総司令部）の指令に従って日本政府が政策を実施する間接統治の方法で行われた。

(3) 「農地改革→多くの自作農が生まれた」は，セットで覚えておこう。

(5) アは現在の選挙権。イは大正時代の1925年の普通選挙法での選挙権。エは，明治時代の1890年に行われた第１回衆議院議員総選挙での有権者の割合。このときの選挙権は，直接国税を15円以上納める満25歳以上の男子に与えられていた。

(6)(7) 日本国憲法は，1946年11月３日（現在の文化の日）に公布，翌年の1947年５月３日（現在の憲法記念日）に施行された。

2
(1) 国際連合
(2) 冷たい戦争（冷戦）
(3) ソ連　(4) 中国　(5) エ
(6) ① アメリカ
② サンフランシスコ平和　③ イ

解説

(3) 日ソ共同宣言によって，それまで日本の国際連合加盟を拒否していたソ連が賛成に回り，日本の国連加盟が実現した。ただし，北方領土については意見が対立したため，ソ連との間で平和条約は結ばれなかった。

(4) 中国とは1972年，日中共同声明で国交を正常化，さらに1978年に日中平和友好条約が結ばれた。

(5) Xの期間，日本は高度経済成長が続いていた。バブル経済は，1980年代後半に発生した日本経済の好景気で1991年に崩壊し，その後平成不況となった。

(6) サンフランシスコ平和条約が結ばれたのは，1951年。翌年，日本は独立を回復した。